杨明义

YANG MINGYI

卓越之路

水乡之子

金凯帆 著

天津杨柳青画社

图书在版编目（CIP）数据

水乡之子·杨明义/金凯帆著.-天津：天津杨柳青画社，2008.8

（卓越之路）

ISBN 978-7-80738-350-5

Ⅰ.水… Ⅱ.金… Ⅲ.杨明义-生平事迹 Ⅳ.K825.72

中国版本图书馆CIP数据核字（2008）第089298号

出 版 人：刘建超

出 版 者：天津杨柳青画社

地　　址：天津市河西区佟楼三合里111号

邮政编码：300074

编辑部电话：（022） 28379182

市场营销部电话：（022） 28376828 28374517

28376928 28376998

传　　真：（022）28376968

邮购部电话：（022）28350624

网　　址：www.ylqbook.com

设　　计：北京图文天地企业形象策划有限公司

制　　版：北京图文天地制版印刷有限公司

印　　刷：天津市银博印刷技术发展有限公司

开　　本：1/16　889mm×1194mm

印　　张：10

版　　次：2008年8月第1版

印　　次：2008年8月第1印

印　　数：1—3000册

书　　号：ISBN 978-7-80738-350-5

定　　价：72.00元

目录 contents

序

梦底依稀水云乡

刘　郎

凡是为别人弄过传记的人，都知道这活儿委实不好干。一本传记，既不能编成年谱，又不可偏离本末，既不能堆砌素材，又不能过于文学，让人叫得一声好，概率是很低的。古人的好传记倒是多得很，其中的不少经典，写的都是艺术家，而那文本自身也是艺术品，有气场，有寄托，陈义甚高。当然，《徐文长传》那样的作品，我们是不必再指望产生了，气候变了，一切都在跟着变。即使徐文长活到今天，保不准也在忙着造山庄，紧着装修还来不及，谁还拿着砖头去砸自己的天灵盖。时代的力量实在太大了，我原以为中国的田园美学根深蒂固，但几乎是在转瞬之间，杜牧的杏花雨意，王维的鸡犬桑麻，就被所向披靡的推土机，推了个一干二净。推了真的，再造假的，水泥制作的仿古物上再高高挂上写着明清遗风的一方匾，不过那时人的书法竟也充满着欲望，直让人叹得一声罢了，潜台词却是：所谓真正的江南水乡，而今安在哉？

然而，这又恰巧显出了杨明义艺术创作的价值，既然真正的江南水乡已经打了折扣，那么，杨明义的水墨水乡却给人留下了一个长久萦怀的梦。杨明义长期为江南水乡传神写照的时候，他所描摹的对象，还是一副本真的样子。当年的现世安稳，岁月静好，都被提炼到自成一家的水墨当中了。这正应了那样一句话：梦，是曾经醒着的生活。而在今天，我们再来面对这种水墨水乡，便会和画家的纪录与创作一道，共同营造出近于伤逝的情结，而这类伤逝的情结，乃是人们易于生发的意绪，李太白的《春夜宴桃李园序》已经是写绝了，嗡然黄钟大吕，余响千古不绝。

捧读金凯帆先生为杨明义所作的传记，我再一次想起了杨明义的水墨水乡的价值。在近年出版的题为《水墨之旅》的文集中，已经有六十余篇各路名家的文章，对杨明义的水墨水乡，在理论上作出了独到的解析，而现在的《水乡之子》，又恰恰从另一视角，展示了这种价值的由来与走向。可以说，有了述评体的《水墨之旅》与述实体的《水乡之子》相继问世，对于杨明义的艺术创作的总结，将会更为完整，也会更为生动。

不过，即便是没有这些总结，杨明义仍然是杨明义，他那独创的画风，早已经渗入了我们的眼界所及之处。即以敝人经常出没的这几处古镇而言，那诸多的画店里便挂满了杨明义的水墨水乡的克隆品，制造克隆品的那些画家同志们虽然仍需努力，但杨明义的水墨水乡，已经确乎成了江南风物的另类标识。不过，我以为杨明义本人还是应该感谢那些画家同志们的，他们至少是放大了杨明义数十年矢志不渝地对于家乡的眷恋。克隆不克隆，细想想也都不重要，大家都要吃口饭，一路混过来谁也不容易，最热爱启功的人当是那些假启功，启先生名满天下，假启功们尤其功不可没也。金凯帆先生的《水乡之子》确实是下了功夫的，只看结构，便显而易见。为人物作传记，结构是最难的，《水乡之子》的结构，竟用了三条线索作贯穿，明线是创作，辅线是交游，暗线，则是通篇一以贯之的水墨乡怀，线索虽有多条，但编织得却十分光整。那文笔也与画家的水墨韵致相仿佛，有的地方，淋漓尽致，需要用另一块宣纸压一压，然而却也湿透了。

套用电视制作的一句行话，我以为，画家的水乡在这里是过去时，作家的文字在这里是进行时，正因为有了二者的结合，才让人生出了各种的感慨。我属于北人南迁，但由于也还算是拍过许多江南风物，竟也在这二者结合中产生了共鸣，蓦然间，不但记起了鲁迅先生的名句“老屋离我愈远了”，而且还查对了一回张岱的原话，顿时觉得那《西湖梦寻》的序言似乎就是为杨明义的水墨水乡准备的。高人就是高人，说得那样好：“一带湖庄，仅存瓦砾，则是余梦中所有者，反为西湖所无。”由此也想到了我这电视手艺的苦恼，现下里若是再拍江南题材，真是无从下手，风景的狰狞，入目的琐屑，直把人逼到了视觉的堕落处，想一想还是水乡墨梦的好，尽管那是一曲浅浅的挽歌，倒也让人回到了一时的陶醉。

前几年，我曾为明义仁兄拍过一部名为《水乡墨梦》的片子，因此，也就有了那一段和他朝夕相处的日子。他知道老郎平素喜欢一点文言趣味，早就约我为他作一副对子，那对子其实已经作好了，内容是：“画中真如菱歌夜，梦底依稀水云乡”。可是，一见他的近日楼里满壁名家，最终也未敢出乖露丑。近来迷上了白蕉，暇时不免临两笔，行家说勉强只有三分像，所以到底没有录出来。读过《水乡之子》，觉得那两行句子竟可成为读后感，于是便用键盘打在了这里。又经过一番斟酌之后，自己觉得，真要写篇读后感，设若用后面的一句作立意，却也贴题。

二〇〇七年杨梅时节
刘　郎 / 撰于江南书斋小豆棚

唐诗桥影江南

俄耳浦斯弹奏着古老的曲子，于是，树木醒来了，而且认识了它，
当他在起伏不平的山谷里，弹奏他那动人的乐曲，
山野的一切都聚集在他的身旁。

——欧里庇德斯

早春二月，春寒料峭。

2006年2月的一天，苏州依旧像往年这时候的天气一样晴好，但从寒冷的空气中却还能尝出江南特有的湿冷味道。

杨明义又一次风尘仆仆地从京城回到了他的故乡，那一种特有的湿冷味道让他觉得家乡依旧是那么亲切，此次的江南之行就是要圆他自己心中的“水乡墨梦”—为创作“江南百桥图”而来。

自古以来，江南就是“花柳繁华地，温柔富贵乡”的代名词。唐末韦庄一阙《菩萨蛮》道：“人人尽说江南好，游人只合江南老。春水碧于天，画船听雨眠。垆边人似月，皓腕凝霜雪。未老莫还乡，还乡须断肠。”正是这一片温柔的富贵乡，吸引了多愁善感的文人逸士，也正是这些文人逸士，在这里抒怀他们的喜怒哀乐，从而造就了江南这片土壤的特殊情怀。

山是温的，水是软的，风是柔的。浓荫相接，遮蔽着伫立了百年、千年的城墙、宝塔。身在苏州，可以听见太湖的波涛，寒山寺的夜半钟声；身在苏州，可以凝眸注视小桥流水，枕河人家。仿佛随时都可以穿越千年的时空，注视耸立的馆娃宫，听西子的笑声，品味李太白的“美人如花隔云端”的意味。

苏州原本可以张扬，因为它拥有了可以张扬的一切，可是它永远静静伫立在那一片叫江南的土地上，沉静如水，内敛典雅。

在这江南之地，又是“桥”最让那些文人墨客，每每怀念。数千年来，无数文人学士咏物喻志，托之诗歌，有关桥梁篇章，多有佳作，绮思丽句，声韵铿锵，最能传桥之神，尽桥之态，谐桥之趣，彰桥之功。

“梦里几度到苏州，乌鹊桥红看晚霞”。“绿浪东西南北水，红栏三百九十桥”。“水似棋文交度郭，柳如行障严遮桥”。“君到姑苏见，人家尽枕河”。……

小时候的杨明义就读到过唐人李白笔下的桥：“江城如画里，山晚望晴空。两水夹明镜，双桥落彩虹。人烟寒橘柚，秋色老梧桐。谁念北楼上，临风怀谢公。”秋日傍晚，诗人独自登楼，俯瞰夕阳下的景色……多么美的一幅图画啊！其中颔联两句“两水夹明镜，双桥落彩虹。”写得是那么的优

黄永玉老师十分关心杨明义的江南百桥图创作，前后三次观赏了作品，并为之作序文“怎不忆江南”，又题字“江南百桥”

美，灿烂的夕阳把“双桥”倒影在明镜般的湖水之中，看上去像两道美丽的彩虹。

唐诗中的桥，不仅连接了河流两岸的交通，而且还是诗人感情的载体。杜牧那一首声调悠扬，意境优美，历来为人们所传诵的“青山隐隐水迢迢，秋尽江南草未凋。二十四桥明月夜，玉人何处教吹箫？”写尽怀念友人韩绰的意蕴，而张继那“月落乌啼霜满天，江枫渔火对愁眠，姑苏城外寒山寺，夜半钟声到客船。”一首极富禅意的《枫桥夜泊》，更让杨明义不能自已……

多年前，华东师大的施蛰存招考研究生时出了一道题目：“什么是唐诗？”这是一个大有意味的问题。唐诗是一个美好的词语。汉语中有很多美好的词语。比如长江、长城、黄山、黄河等。唐诗也是汉语中最美好的词语之一。提起唐诗，就有一种齿颊生香的感觉。唐诗只是风花雪月么？只是文学遗产么？只是语言艺术么？当然是的，可是又总觉得不够。

如果仅从风花雪月去看唐诗，或许表明，人生可能太功利了。如果仅从语言艺术和文学遗产去看唐诗，又可能把唐诗看得太专业了。唐诗还可不可以指向一些更远更大的东西？

在苏州，那造型独特、工艺精湛，颇具承载潜力的一座座石拱桥、石板桥名留千古：唐代的宝带桥，宋代的五龙桥，元代的灭渡桥，明清两代建造的彩云桥、行春桥、普济桥、下津桥以及诗人笔下“乌鹊桥红带夕阳”的乌鹊桥，等等，横卧于碧波绿水之上，使苏州古韵犹存。

的确，苏州乃至整个中国素来是不缺少书香气质的，只是这种气质的传承到了20世纪后半部分，到底高不过经济发展的呼声。

苏州毕竟不是历史博物馆，它也在时代的变革中悄悄地发生着变化。于是，绝大部分城墙被拆除了，水巷也被填没了，踏级拱桥和小石板桥也被钢筋水泥的大桥取代了，狭窄的石子路变成了宽阔的沥青大道，一幢幢西式的高级大厦，打乱了园林建筑的协调。“小楼一夜听春雨”的街巷，轰鸣起轻骑摩托的噪音，灯红酒绿的广告箱和霓虹灯，无情地嘲弄着文化名城的审美情趣……随着岁月流逝，物换星移，现代工业化、城市化的破坏性建设，使整个江南水乡逐步走向一个渐渐消亡的过程，曾经千姿百态的城市、乡村，已被一个接一个的运动“撼动”了，人们打着“旧城改造”和“建设新农村”的旗号，城市、乡村被“整容”得千篇一律，大量的历史遗迹从地图上被抹去，节日情怀也日渐稀薄，大量珍贵的口头相传的文化正急速消失。唐诗的吟诵就只能残存于意象？

“目前，即使有的地方为了旅游需要而保护起来了一些水乡小镇，但从整个历史发展来看，那些小村落却已成了很孤立的标本了，整个江南的大环境实际上慢慢地在不断消失，人们向往的典雅、抒情、安谧的江

杨明义为创作“江南百桥图”无数次去江浙水乡收集素材

2006年杨明义在绍兴柯桥写生

南已经不再，她将成为人们心中的一种记忆。许多江南的古迹、老桥有的被拆、被毁，已经不复存在。”

“1967年1月间，我外出‘串联’去水乡绍兴等地画的桥的速写，这些发黄而差点被我遗忘已有40年时间的纸片，竟然留下了当时水乡小镇文革中翻天覆地变化的一瞥。只是当时文革时期，还未能来得及破坏的水镇古桥，却在如今的经济浪潮中被搞得面目全非，我们这一代人做了多少愚蠢的事啊！”杨明义动情地说着。正是有着这一份责任、忧思和艺术家的敏锐捕捉力，杨明义想用自己的画笔留下这美好的江南意境。

留下意境的初衷是对一种渐行渐远的“情和境”的怀恋和追思，古老的江南老屋、石桥、湖山、渔舟、迷迷烟雾、氤氲水气……构成的是一幅幅透明的江南梦境，而这种怀恋的本身又让人生出许多绵绵遐想……

杨明义笔下的江南桥影，就是如唐诗一般。为收集“江南百桥图”创作素材，他从北到南，从西到东，冒着连日的春雨在浙江的一些村镇寻访；在崎岖的乡间小路上行进；在苏州小河边的巷子里游走。在“雅昌艺术网”杨明义的博客里，他写道：

江南的桥虽然造型简单平直，但却别致而有趣味。雨天，撑着各色雨伞的行人和时时擦肩而过的自行车、摩托车给小桥带来了春天喧闹的气息，但当行人和车辆瞬间离开，我只一个转身，顿时，小桥又恢复了安静，留下的是一幅无声的画。

杨明义用画家的眼睛捕捉了那生动的一瞬，写出了朴素却鲜活的文字。

吴门烟雨色迷迷，小桥凝碧水悠悠。还在2004年，苏州举办第28届世界遗产大会时，杨明义就萌生了创作“江南百桥图”的动念，那时在完成必要的创作前期准备工作之后，他就寻找资料，反复构思，几易其稿，精益求精地陆陆续续创作出了20余幅“江南之桥”。在2005年9月北京举行的“诗画江南”—杨明义画展上，所展出的4幅“桥影”，就得到参观者的喜爱、艺术评论家的好评和收藏家的青睐。

从杨二林堂到近日楼

外头是落日，时间中镶嵌的宝石，深沉的盲目的城市没有人看见你。
黄昏沉默或歌唱。
有人吐露出渴望盯住在钢琴上，总是，为了你无限的美……
你，昨天仅仅只有完全的美而如今，也有了完全的爱。
——博尔赫斯

桥，也好像与杨明义有缘。

从小生活在有“东方水城”之誉的苏州，杨明义是见惯了桥的，在杨明义的故居马医科，这苏州老城里被那位著名画家黄永玉称为“很奇怪的巷子名字”的小巷，其实早先时候在它西面就有一座鱼行桥，清宣统《吴县志稿》中就有记载：“医皇庙在清真观，旧称三皇庙，祀伏羲、神农、黄帝。”又云：济民药局，在鱼行桥东，南宋绍定四年（1231）吴渊创于广惠坊之左。开庆元年（1259），马扬祖重建于子城内路分厅之故址，继又迁其北，巷以此得名。

这条很早的时候就很出名的巷子，起先曾有祭祀三皇的寺庙，后来又有一家意欲普济众生的药铺，而到了明清两代更是显赫非凡。在这条全长仅300多米的巷子里，能翘得起大拇指的人物还真不少：36号、38号、40号为清代乾隆时户部主事、书画家潘奕隽故居；27号、29号为庞氏居思义庄，现已为控制保护建筑；7号、8号为“荆园”，据传乃文徵明之侄文枕烟的府第；21号为“楼园”；西端还有一座“曲园”，园主人就是当年在“公务员招考”时以一句“花落春仍在”，让阅卷的主考大人曾国藩连连抚掌激赏、被后世人尊称为“东亚惟一的宗师”的俞樾老夫子。

而那巷子中原有的15号宅院，就是杨明义的旧居，也是杨明义许多年后回忆起来，脸上依然充满着幸福感觉和温馨笑靥的、他心中永远的第一个“近日楼”。

28年前的1978年，中国大地上一场史无前例的风暴刚刚平息不久，一位饱经风霜的老人，也是杨明义久仰的艺术界前辈——中央美术学院国画系主任叶浅予，在经历了7年之久的牢狱之灾后，带着他的夫人（20世纪30年代曾因主演电影《渔光曲》而轰动影坛的王人美）以及孙女来到

位于苏州市中心的马医科15号，是杨明义出生地，他在那里生活了四十余年

了苏州。当这位重新获得自由的老人应邀走进杨家这座祖上传下，却又莫名其妙地被“公私合营”了一大半的老宅，登上楼梯，在朝南的一排明亮的长窗前，望着窗外层层叠叠民居的屋脊，还有屋后露出的商场大楼时，老人竟像小孩子一样天真快活地说道：“杨明义，你的画室可以命名为‘山海楼’，你看，窗外房屋如海，后面高楼像山，在这里又能和朋友们一起谈山海经。”刚说完就在桌上铺就宣纸，书写了“山海楼”三个大字，但童趣马上被他的哲思赶跑了，叶浅予沉默片刻后道：“你的画室这么敞亮，还是叫‘近日楼’为好。”又郑重写下了这通俗却寓意深远的三个大字，并题款云“明义住处阳光满楼，因为题名。浅予。一九七八。”

于是，老人留下的这珍贵的墨迹，就成为杨明义那间20多平方米卧室兼画室的“招牌”，那“近日楼”也成了许多书画名家、学者文人到苏州后的一个谈艺论文之所。沈从文、张兆和、华君武、黄永玉、吴冠中、程十发、唐云、周思聪、卢沉、陈逸飞、陈丹青、马得、韩羽……这些随意说到的名字，都是在中国现当代文学史和艺术史上掷地有声的人物，他们都曾多次光顾过这里，或品茶交心，或挥毫授艺，留下了很多动人的故事和珍贵的墨宝。有心的杨明义也把这一段段往事认真地记录了下来，并把这些文章和留存的艺术精品汇集成了《近日楼散记》一书，出版时黄永玉还特意为此书题写了书名。

其实在“近日楼”成名之前，出名的是“杨二林堂”。

旧时苏州，因为状元出得多，官宦人家，处处皆是；骚人墨客，各显神通，仿佛每个艺术领域都会被有独特魅力的吴门一派沾染。迁客骚人到此随之需要的就是笔墨纸砚、古董雅玩等等之类，而旧时的观前街是市口好的地方，那里生意兴隆，财源茂盛，于是应运而生的古玩店、笺扇庄、笔墨店一家接着一家开到了观前街上，观前街上有了这样几爿店，荡观前的人来人往，也多了些斯文儒雅之气。

据说“洪杨之乱”后，苏州复兴，光绪初期，最早的一家笔店“杨二林堂”就开在了观西靠近察院场的地方。那是一位杨姓的湖州人经营的。

湖州善琏，一丁点儿地盘的小地方，因湖笔，使她有了生机和魅力。古时，江南许多小镇、村落都如小岛屿，善琏也是如此。蒙溪环绕小镇而流，由东南西北的福善、保善、庆善、宜善四桥联络镇外，蒙公祠位于四桥相连的小岛屿上，那里是商人和笔工贸易的地方。千百年来，难以胜数的湖笔就从这里流向远方……

湖颖之技甲天下。湖州成为名闻遐迩的制笔中心后，每每从这里流出的是神形俱佳的湖笔和地方特色浓郁的湖笔文化，流进来的是白花花的银子和其它文化样式。正是这绵绵无垠的流动、交融，促成了古代湖州经济的富庶和文化的繁荣。

史载，元时冯应科、陆文宝就是著名的制笔大师，人们用重金购买冯、陆所制湖笔；到了明朝，善琏笔工施文用制作的湖笔作为贡品进入北京城，湖笔又成为紫禁城的宠儿；而至清代大量湖笔涌入皇宫，并流向海外。

千百年间，湖州一些精明的制笔能工巧匠，将湖笔载入小船，“咿呀”一声，离开蒙溪，走出湖州，走向远方。湖州制笔技艺和

1978年叶浅予为杨明义画室题名“近日楼”

四十年代的苏州观前街上著名的“杨二林堂”笔店就开在此街的最西南边口的第一家

湖笔文化在江苏、上海、北京、天津等地生根开花。湖州人在各地经营的著名笔店有：北京贺连清、戴月轩、李玉田；上海杨振华、李鼎和、茅春堂；由湖州发展到苏州的则有杨二林堂、贝松泉、周虎臣、李鼎和、陆益元堂诸家。这些笔店有一个共同的特点，店名大多以制笔艺人的名字命名，形式上也大都是前为店铺后是作坊。

到了抗战胜利前后，“杨二林堂”经营已式微，只剩下一开间陈旧的店面仍在挣扎。但是切莫小看了这家笔店，要想买支紫毫短锋的水笔，还是非到那“杨二林堂”不可。因为惟此一家质量最好。这是一种专门用来在公文、帐册或作文簿上写小楷用的，用后插在铜笔套里，墨汁不会干，下次要用，拔出来就可写。民国10年（1921），“杨二林堂”和“陆益元堂”的毛笔均获得苏州总商会商品陈列所二等奖。

而靠近这爿杨二林堂，是又一家知名老店贝松泉笔庄。“当初堪称后来居上，无论装潢、排场、货色、硬软件，一概超过‘杨二林堂’，特别是和息影林下的那些老太爷的来往，更是同业中其他店家所不及，可是不知为什么，后来居然比‘杨二林堂’还要败得快，解放前夕已经在读书人心中淡忘了。”上了年纪的“老苏州”在回忆旧时观前街的热闹景象时却没有淡忘那个叫“杨二林堂”的笔庄。

1978年叶浅予为杨明义在近日楼画室里作画

1978年杨明义（右）陪同叶浅予（中）夫人王人美（左）和友人游览苏州甪直保圣寺

“那个‘杨二林堂’，就是杨明义的祖父杨庵生接着上代传下的基业开在苏州观前街的毛笔店。”面容慈祥、性格爽朗、天性乐观的杨明义母亲吴秋英是地道的苏州人，虽然已是88岁的老人，但说起往事却清晰如昨。杨庵生先生原是一位来自湖州的制笔高手，马医科15号的房子就是他在笔店生意经营得法、手头宽余的当口置下的产业。

但是时光流转，“杨二林堂”到杨明义父亲杨正冠手上时，已很不景气了，虽然还有楼房，但门面“只有一个门堂子大小了”。再之后，连那原本前后四进，三楼三底的马医科15号宅院，也在1956年被当时很“流行的做法”：公私合营掉了一大半，而那时杨正冠的“成份”也因他父亲杨庵

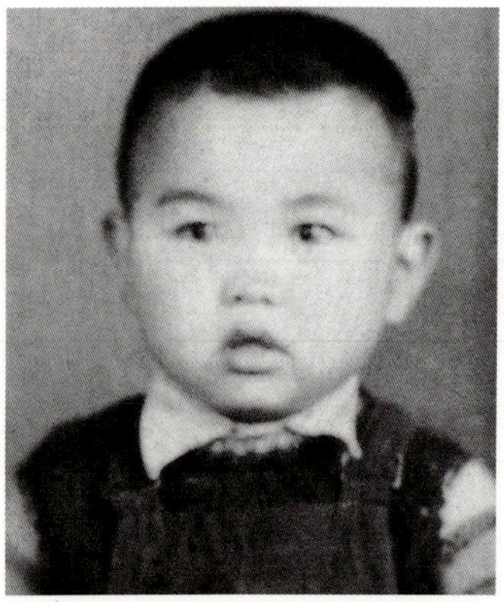
三岁时的杨明义

生的“余荫”，被定成了小业主，可怜这顶无形的帽子就这样重重地压在了杨正冠一家人的头上。

1943年阴历的6月14日，杨明义在那条古老巷子的老宅里出生了。

“他是我的头个儿子，我一共生了4个小孩，3个男小孩，1个女小孩。”天下慈爱的母亲都是一样的，说到现在都已是五六十岁开外的儿女，杨母秋英老人还是喜欢称他们为“小孩”的。

60多年前的马医科15号，古色古香的楼宅里，落地长窗的花格和一些苏州园林里的花窗造型一样：关起来窗户拼出的图案是一朵朵海棠花，推开一扇长窗，那合着的海棠便“开”成了一种菱角形的样子了。在这样一种生活环境里，又喜得一个男宝宝，杨家的日子过得很快乐。

而最快乐的要数杨母吴秋英了，吴秋英是在苏州一户殷实人家长大的，父亲吴炳初虽然在苏州南濠街上开一爿南货行，打理着经济，但对子女的教育却从来没有放松过。长子吴赞廷从小就刻苦学习，终是学有建树，成为以后新中国棉纺印染业的专家，小女儿吴惠英也学习勤奋，后来成了一位园艺植物方面的研究者，而大女儿吴秋英在父亲的督促、兄长和小妹的激励下也刻苦努力完成了学业。

对一个女人来说，能嫁给一位有上进心、心底好又爱自己的男人是每个年轻女子的心愿，而吴秋英的心愿就是她的大哥吴赞廷帮助实现的。

吴赞廷——杨明义的大娘舅，这位早年苏南工专的教授（共和国成立后，苏南工专院系调整，陆续并入华东纺织工学院及西安交通大学），1936年底赴日本考察纺织工业，曾分别于1952年、1956年、1959年受到过毛泽东、朱德、周恩来、刘少奇多次接见的民主人士，还在解放前上海滩“学生意”的时候，他就碰到了一位诚实、勤奋、正派、聪明、会说英语的年轻人，他便是杨正冠，那时的杨正冠也是奉父之命到上海同业当中“求学”，也许是缘分，也许是惺惺相惜，两位志气相投的年轻人，畅谈理想，畅谈人生，进而想到了“攀亲”。

23岁的吴秋英和杨正冠走进了婚姻的殿堂，他们的婚姻是幸福美满的。在生育了杨明义之后的几年时间里，杨家又先后添了一个小妹妹，两个小弟弟，虽然给原本经济就有些拮据的日常生活带来了些影响，但人丁兴旺的快乐冲淡了他们对家庭生活的忧虑。那时的杨家和许许多多生活在这座城市里的人家一样，勤勤恳恳地劳作着，享受着生活给予的一切，他们对明天满怀着美好憧憬……

1949年4月27日，中国人民解放军分别从苏州的平门、阊门、金门、娄门入城，苏州宣告解放。

那激动人心的场面，杨明义记得很清楚。早上杨母去菜市场买了绿豆芽一回来就兴奋地告诉小杨明义：“解放军叔叔从阊门进城哉！”长得虎头虎脑的小杨明义立即奔出家门，挤在欢迎解放军进城的人堆前，“那天，我还看见有女解放军的，不过她们穿的是后来电影中常见的八路军那种颜色的衣服”。

杨明义至今保存的当年“杨二林堂”出品的湖笔

过后不久，就有解放军战士来到杨家，商量着要求借门板给他们，“当时我们也不知道他们派什么用处”吃过拿枪当兵亏的杨家人，自然就答应了。原来解放军战士拿了门板是准备晚上铺在马路上，当床用。“他们还打了借条，许多天后送回来时，我看见门板另一面还写着《三大纪律八项注意》的歌词。”这与前一阵子杨家人见着不少从战场上下来、受伤的国民党士兵不同。国民党士兵他们身体虽然受了伤，但对居民的气焰还是很嚣张的，“强行入住在我们家，每天晚上还都要赌钱，吵闹得很，但一听到长官回来的脚步声就全都怕得要命，不作声了。”那时只有六七岁的小杨明义虽然说不出什么“中国兵”和“解放军”的大道理，但当兵对百姓的不同态度，小孩子还是分得清好坏的。杨明义特别记得“中国兵”的那位长官，“他也住在我们家，走路很精神，对我们家人也客气，也很喜欢我，还常常买糖给我吃。”

小时候的杨明义也帮着母亲做点小家务活。一次，母亲让他去打酱油，在回家的路上，杨明义一不小心跌了一跤，酱油瓶也打碎了。“一位女解放军战士眼疾手快，大步流星地抢着抱我起来，害得慢了一步的母亲又惊又喜地向她谢了又谢。”

在杨明义母亲的记忆中，她的这个大儿子小时候是很乖的，“读书也蛮好，还喜欢画画。从小就不睡懒觉。” 虽然杨家曾经经营过毛笔店，但在西风东渐的日子里，毛笔却渐渐退出了人们的视线，杨家毛笔店的生意也一日不如一日。

那时候，苏州观前街上有几爿笔庄，荡观前的人来人往中也决不会仅仅都是些饱食终日、游手好闲、胸无点墨之徒，也有一些时尚人士，一些人也喜欢附庸风雅。最常见的标志是：男的，若穿长衫，在右面门襟上，若着西装，则在左上角口袋上，插一支自来水钢笔，风度翩翩；女的，胸前斜挂一根丝线或一根金属细链，腋下扣着一支金笔。时代进步了，虽然练毛笔字仍是学子们的追求，因为一笔好字仍是将来求职的本钱，正如现在必须熟练使用电脑一样，但是，要讲实用，则非改用铅笔和钢笔不可了。

起先，那些传统的笔庄是不卖这些现代化的文具的，但洋货派克、康克令、华德门，还有中国人制造的新民、关勒铭、金星和英雄牌金笔来势凶猛，不可阻挡。最讨人喜欢的是新民牌的一种款式：笔形玲珑纤巧，笔尖亦略细小，笔帽最具特色，不用搭攀，只在顶端镶一只小小的金属环，用来扣结丝带或者金链条。或许因为那时笔杆都是单色的，一般都是黑颜色，爱美的女性常用各种颜色的丝线编结笔套，用以装笔。若是女大学生，穿了阴丹士林旗袍，胸前斜挂着彩链，腋下扣着那种金笔，风姿绰约，走在观前街上，回头率可不要太高啊！

一来因为当时对时局的猜测，“大家传说共产党要‘共产’的，税收也与以前不一样了，父亲的成份又被定成了‘小业主’”；二来因为时代变化，产品的更新换代，毛笔的生意一落千丈。所以父亲对经营笔店也心不在焉，‘杨二林堂’于1953年关掉了。最后轧好帐，一共只剩下五六块钱了。” 那被辞退了的伙计中，杨明义还记得有一个曾经参加过当时江苏省乒乓球比赛获得第三名的人，“那伙计大概姓殷，因为平时那几个伙计都很喜欢我，常逗我和他们一起玩的”。毛笔店关掉之后，那些毛笔也不被当作老爷看待了，再好的毛笔也被三钿不值两钿随便卖了。

但没有想到这一中国传统书写工具的“落魄失意”，竟成了杨明义由它而对美术产生了兴趣，以致杨明义在《水墨之旅》的后记中写道：

“童年起我就和这些大大小小的毛笔结下了缘，伸手就能拿起随处可见的毛笔涂鸦。”但杨明义清醒地预感到“也许从那时起就开始打造我今生的‘水墨之旅’的一叶小舟。在这以后四五十年来的风雨中，一直都驾着它在艺术的大海中行进。”

瞒着父母报考美校

我的爱和我之间就要垒起三百个夜晚如同三百垛墙，
而大海就像魔法阻隔于你我之间。没有别的了只剩下回忆。
活该受折磨的黄昏啊期望着见到你的夜晚。
你的道路穿过田野，苍穹下我走来又离去……
——博尔赫斯

杨明义幼时，看到居室对面墙上的斑驳痕迹，幻化出许多生动有趣画面，启发他对绘画的兴趣和爱好。

那时还在上马医科小学一年级的杨明义，大清早一起来就摸索着，搬出一块父亲买回家的小黑板，用白粉笔在那上面画啊画的。以后，父亲又买回来了几支红色和蓝色的彩色粉笔让杨明义画。到“伸手就能拿起随处可见的毛笔”的时候，杨明义在“《申报》纸”上开始“放开手脚”写写画画了。“那时我们家楼上对面有一面白墙，原本白的墙面，因为风吹雨打，泥水之类就挂在那白墙上了，我一看‘印’在那白墙上面的图案仿佛是房子，是马，是山，是人，我很高兴，就照着画，慢慢地对画画更加有兴趣了。”真所谓：雨淋墙头月移壁。少年杨明义似乎已仿佛领略到了“意中有象，象中有意”的境界。

也许是偏心，也许是疼爱，母亲总是对杨明义格外关爱。有一天早上，买菜回家的杨母，将买回的一只糯米团子，当作早餐点心偷偷地“焐”进杨明义早上吃的那碗粥里，偏偏“拎不清”的杨明义边吃还边嘀咕，说母亲没将饭团捣开，害他来不及吃将“饭团”整个吞了下去。“直到现在，他的妹妹和弟弟还要说我偏爱杨明义的。”如今和自己的二儿子、杨明义的大弟杨明锐住在一起的杨母，提起往事，话语间还夹着她那爽朗、感人的笑声。老人因为耳背，听不清别人说话，所以她自己说话的声音总是很响，杨母边说还边挥动着手：“因为我看杨明义那时很早就起床，要画一会再上学的，我舍不得，怕他饿着。”“那时的粮食供应很紧张，家里钱少，嘴又多，多买团子，钱不够，只好买一只，就只好给起来得最早的杨明义吃了。”杨母在说这种钱少和起床时间早晚关系的“理论”时，禁不住连她自己也开心地笑出声来，让听的人也感觉不出“偏心”，只觉得是“蛮有道理”的。

在接下来的那段岁月里，杨家为了填饱一家老小的肚子，连厅堂上的红木家具，“还有给祖宗过节的盅筷也卖掉了。”现在坐在大孙女杨秧给老人买的新席梦思床沿上，杨母高兴得像个孩子，“以前困难，家里红木家具都卖光了，只能顾张嘴。现在好了，孙女也懂孝顺。”老人一边不住地夸孙女有良心，一边诉说着往事。

那时家庭生活虽然日益窘迫，但并没有使杨家人放弃对美好明天的憧憬，可是心愿总是被现实打乱，心绪也遭到破坏……

一向只守着这个家，以相夫教子，恪守贤妻良母为职责的吴秋英，原来并没有正式的工作，且身患肺病，但时间到了1958年，眼见着生活日益艰难，她为了分担家庭生活的重担，隐瞒自己病情，说服了丈夫，坚决地到一家工厂上班了。“真是作孽，那时我母亲明明身体有病，却还要穿上旗袍，强打精神，前去工厂好让人家看着觉得她很‘健美’”。

1995年杨明义和母亲在美国白宫前

1972年杨明义和母亲在一起

1986年杨明义和父母的合影

但到了“文革”，艰难的生活更加让杨家感到窘迫，加上家里三个弟妹都分别被责令到苏北和苏南的乡下插队劳动，去“接受贫下中农再教育”，杨明义也被派到苏州灵岩山寺庙去做“泥塑收租院”的活计，原本热热乎乎的一大家子，现在显得很冷清，吴秋英埋首协助丈夫杨正冠苦苦支撑着这个本来就很分散苦楚的家，但就在那时，来了一帮气势汹汹的人直闯杨家，也不知因为什么原因，就是要找杨家的茬。他们先到杨母的单位——一爿塑料厂去“算帐”，“他们说因为杨正冠的成份是小业主，就要把他下放到偏远的苏北乡下，来找我，要我同意，还要我们全家都一起下乡（其实那时苏州只有杨正冠、吴秋英夫妇和杨明义三人），但我坚决不答应。因为我们没有什么错！”苏州女性的坚韧安贫和理直气壮，在杨母身上得到了充分表现，也幸亏母亲的据理力争，引来了有良知人的帮助。由于杨明义的父亲母亲为人厚道，与人为善，加上“那时好人也还是有的，一些复员的解放军、单位里正直的同事也帮我们说话”，杨正冠一家六口才算没有在这次运动中被全部下放到苏北乡下去。

面对生活的困境，家人把目光停留在了作为长子的杨明义身上，希望他能早点出去学生意，好让贫困离他们的家稍稍远点，“原本想让杨明义去一家铜厂做刻工的，学徒三年后就好拿工钱了。”这是杨母当时的想法。那时正在上海华丰纺织厂当厂长的大娘舅也特地赶到苏州，对杨明义说：“我看你还是学纺织吧。”，大娘舅的话杨母深以为然，不管怎么说，有大娘舅在，学纺织不愁将来没饭吃。然而，小杨明义却有自己的主张，他的心早已被美术占得满满的，他并不是没有想到要为家庭分担困难，在他那颗跳动的年少的心里，他想的是要“多学点本事，做更有意义的事，让家里人生活得更好。”就这样，喜欢画画的杨明义一声不响地瞒着父母家人，执着地报考了当时位于马医科41号俞曲园故居内的“民办美术高级职业中学”。

天遂人愿，“既然有好多人报考美校，我们家杨明义又被录取了，我们就要替他高兴，让他去读”。毕竟，杨明义的父母都是知书达理的人，以后著名画家黄永玉来到杨家，一看见他的“父母都非常文雅”，就说杨明义“是书香门第出身，……”（黄永玉著《那森林中的金鹿》一文中语）

就这样，瞒着父母报考美校的杨明义，又得到了来自于父亲母亲的理解、支持和关爱。这对现今出现在媒体上常常于名字前冠以“著名画家”的杨明义来说，当初父母亲能够对自己人生道路选择的理解、艺术追求的支持是“永远感恩，也永远不会忘记的……”

1961年杨明义（左一）和他的同学们在苏州工艺美术专科学校大门口的留影

1958年初，苏州不少志在绘画却不得其门的学生徘徊着。也就在这一时期，苏州文联于当年4月间开办了一所名为“民办美术高级职业中学”学校，招生公告一贴出，就吸引了好多“求之不得”的学生，经过考试有近50个年轻人被录取了。当时谁也不知道那些“同学少年多不贱”的一帮年轻人，会成为当今社会上名声显赫的专家、领导、学者、画家。

进入美校学习的杨明义，踏上了他梦寐以求的接受正规教学、接受传统艺术洗礼的道路。杨明义

1972年杨明义（右）和父母、弟、妹们的全家合影（从左至右）父亲杨正冠、三弟杨明锐、母亲吴秋英、妹妹杨明兰、四弟杨明龙

1958年杨明义就读苏州工艺美专时完成的第一张水彩写生作业

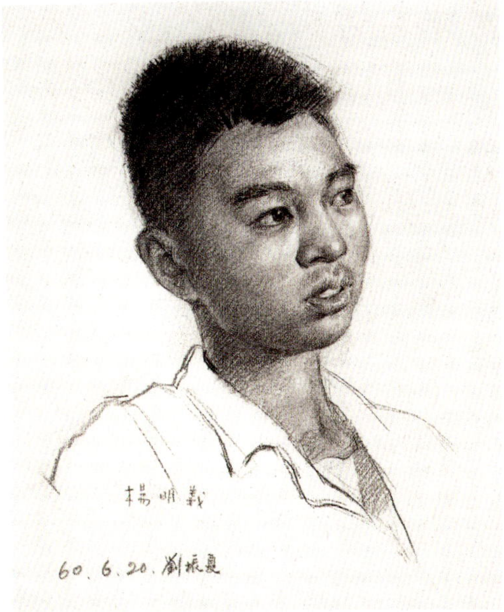

1960年在苏州工艺美专就学时杨明义的同窗好友刘振夏为他所绘的素描肖像

是在那里获得了严格的绘画基础训练的，也就是从那时，在那里，杨明义开始了他真正意义上的艺术人生。

孰料，上学一二年后就遇到了“自然灾害”。一天，正在上课的杨明义突然病倒了，只见全身浮肿的杨明义倒在课桌旁，那可怕的样子，真是吓坏了学校的老师，老师们也来不及通知杨明义的父母，就赶紧将他先抬到学校校长的办公室，经过一番检查之后，学校的医生开出了很管用的“药方”：糠饼。原来那时杨家的经济条件已是到了“吃不饱”的地步了。杨母吴秋英回忆说：“我们家那时先是卖自己家的东西，再后来是向别人家借钱的。只能顾张嘴。”而杨明义得的是当时的流行病——浮肿病。

不过在美校求学的杨明义，学习氛围还算得“天时”。现为苏州市文联创作中心主任、苏州市戏剧家协会主席的褚铭，说起那时的办学模式到是由衷心称赞：“那时学校办学路子是很正的，不仅延聘学有专长的人专职任教，同时，

1960年杨明义在苏州工艺美专就读时画的水彩写生

学校还为每一位学生请了一位校外老师，当时学校帮我请的是张辛稼先生（张辛稼，著名书画家），给杨明义请的是凌虚先生（中国桃花坞木版年画研究专家、著名画家）。”当时“民办”的学校大概有十所，包括师范、工业、中医等等。

那所美术职业高级中学（第二年后更名为苏州工艺美术专科学校）在秋天开学，校址也迁驻东北街49号，在“世界遗产”拙政园西、太平天国忠王府的东邻苏州园林博物馆那一处地方，这便又让这一群热爱艺术的年轻人得了一个“地利”，“那时我们学校的宿舍就是现在狮子林出口处，食堂在原来平江医院的位置。”“那个平江医院就是现在苏州博物馆的新馆大门位置”，杨明义回忆说。美校还给生活困难的学生每月补助几块钱伙食费，对和杨明义一样家庭情况的同学来说，几块钱的补贴也真可谓是雪中送炭。在这样一个环境中的工艺美专，真可称为是美的海洋，美的殿堂。杨明义也仿佛成了一块渴求知识的海绵，他进入了“艺无涯”的艺海之中，如饥似渴地吸吮着……

当时在美校教山水课的有一位老师，他一家三代都是吴门画派传承的领军人物。那时，“身子颀长的他只有30多岁，不过我们听他的背景介绍就都肃然起敬了。他上课前先要求我们全课堂的学生各自临摹一幅作品，等我们全画好了，他就走过来一个一个地看，当看见我临习的那张《树》时，竟大肆赞扬起来：‘你画画看上去起码有五六年功力了。’还在我画的那张《树》的习作的左下侧又添画了一棵小树苗，再加了点土坡。然后兴奋地说：‘好了！你这幅画就这样，不能再加一笔，也不能减一笔。’课堂上其他的同学听见老师这样说，都不约而同向我投来羡慕的眼光。不过其他同学也都被他不同程度地夸奖了一番。同学们被他说得全身发热，浑身都充满了劲，仿佛明天自己就要成为大画家了一样。”这位被杨明义提到的一家三代为吴门画派的领军人物，身材颀长的老师就是吴敖木。现在想来，或许尚是青年的吴敖木是第一次见过这样的场面：一双双渴求知识的眼睛，一张张纯真无邪的脸庞，等待聆听他的教诲，他那激动的心中想必也自有他的美好憧憬吧？

像像腔腔画图人

只有在双重的王国，
声音才会变得
永恒而柔和。
——里尔克

苏州城的东北隅，有条幽深逼仄的装驾桥巷，巷内一座标明“控制保护古建筑”的深宅大院，一株枝繁叶茂的高大广玉兰突兀出高墙，笑傲苍穹……这里就是姑苏书画名家吴敦木先生的府第——“残粒园”——也是苏州市内面积最小的古典园林。作为“吴门画派”代表人物的吴敦木，他的名字与“残粒园”早就联在了一起，由此而吸引着无数海内外宾朋慕名而来：参观游览者，求字索画者，登门求教者，媒介采访者……

现今88岁的吴敦木先生是那时候杨明义求学美校时仍健在的惟一中国画老师。

吴家丹青传代，绵绵脉脉，艺闻吴中，在中国画坛上实属罕见。其祖，吴祖滔，号铁夫，清末画苑高手，擅山水，画风高古俊逸，与吴昌硕交游甚笃；其父，吴征，字待秋，号春晖外史，近代著名书画家，与吴湖帆、吴子深、冯超然，被誉为“海上三吴一冯”，名扬中外。母亲沈漱石，多才多艺，鸳湖名士沈稚峰之女。

吴敦木出生于1921年农历的9月14日，祖籍浙江石门（今桐乡市）。吴敦木的降生令全家欢天喜地，初取名彭，意即大也，希望他健康成长。那时他家寓居上海宝山路宝山里，在吴敦木两周岁生日那天，父亲吴待秋应大画家吴昌硕之邀，抱他去缶庐（吴昌硕寓所）作客。吴氏两家世交深厚，席间，年近八旬的缶翁，欣然抱过吴敦木说：“凡我抱过的小孩，没有长不大的！”殷殷舐犊之情真切动人，也为吴待秋一家衷心祈福。也许真是吴昌硕大师一番吉言的印证，吴敦木以后历经80多年风风雨雨，遇难呈祥，至今依然安康。

出身于国画世家的吴敦木，幼承庭训，5岁就开始学画。7岁那年，一日，来访友人向吴待秋展示一幅新作《万里长江图》，在旁边的小吴敦木，只瞟看了几眼，便暗记于心，回书房展纸挥毫。须臾，又一幅《万里长江图》画成，他携此图于客厅呈示，但见群峰峻峡，舟楫急流，山川城舍，豆人蚁马，无不齐备，客人等惊叹不已。

2006年6月中旬的一天下午，到事先约好的吴敦木府上拜望。午休后的老人缓缓地从摇椅里起身，虽然行动迟缓，但气度还是很大，一边塞好助听器，一边伸出右手对着落地长窗前的一把藤椅，作“请”状。趋前搀扶着老人的臂膀，陪他慢慢地一同走到桌边。椅子里坐定后，吴老费力地听清，来访是为探询杨明义早年在美校的学习情况，老人的神情马上一振，渐渐沉入他的回忆，“……杨明义是一个聪明人……蛮用功的……那时他画的东西不太大……” 吴敎木断断续续地说着，又拉回了思绪，关心他学生现在的画来了，“……杨明义蛮有眼光的……他现在画的尺寸不晓得怎么样？”在吴敎木的印象中，杨明义是一个勤奋的学生，眼界也颇高，“他蛮中意我画的东西的，老实说我的东西不好他也不会中意的……他对许十明的东西也中意的……他对自己的要求也是高的，那时候我就看出他是一个像像腔腔画画的人……”

的确，一般会画画写写的人和一般人的画画写写，杨明义是不太会“中意”的。提起杨明义20世纪80年代留学美国前，请吴敎木写一张进美国大学所要求的推荐信，类似于现在一些出国留学人员也要的“学习证明”材料时，吴敎木脸上露出了笑容。

1986年，吴敎木当仁不让地以苏州国画院院长和杨明义老师的双重身份，为杨明义去美国旧金山的那所艺术学院写了推荐信。“我是用英文写的……那上面的内容是：杨明义读书用功……博得赞扬……”“我还要他学成回国，还是要回到苏州国画院，当时我是苏州国画院院长……我是‘做’到71岁才‘不做’苏州国画院院长的”。“老实说，苏州像像腔腔画画的人也没有，杨明义算像腔的了……”老人的话语虽然断断续续，但听得出对杨明义这个学生还是很得意的。“前些天，我看见报纸上说杨明义是第一流的画家……蛮好，我的学生第一流，那我当老师的有面子……蛮好，蛮好……”一旁的吴老夫人说起杨明义时，脸上也是有笑意的，“杨明义很忙，一会儿在美国、一会儿在北京，虽然不是经常来我们家里……他从美国回来看望我们，每次总还带上许多礼品：脑白金、维生素之类……”

学生没有忘记师恩，同样，老师对学生的爱也是绵长不尽的。吴敎木给杨明义当年学生时代临摹的元代王蒙山水画《惠麓小隐图卷》题跋，又在他创作的《水墨江南水乡》册页上题字：“墨润水韵，独步江南”。杨明义说：“令我感动的是，在美国每年的圣诞节前，总会按时收到吴老师从苏州航空寄来的精心手绘的贺年卡。”

当年的院长、老师，期望他的学生“学成回国，回到苏州国画院”，学生也是遵从师命，在留美

2005年杨明义父子看望吴敎木老师和师母

七十年代中吴敎木老师在苏州博物馆为学生们讲解古画鉴定

吴敦木老师每年圣诞节前都给正在美国留学的杨明义邮寄亲笔绘制的贺卡

10多年后，最终还是回到祖国，回到了苏州，但却是在惊动了中央和省里的领导后，才算回到了苏州国画院的。

杨明义的“用功”在工艺美专时就出了名，“他一个暑假就画了几十张水彩。”褚铭回忆说。在美校学习的杨明义还常常外出写生，但那时粮食供应紧张，食不果腹。

一次外出写生，一大早起来的杨明义喝了碗粥，带上一个铝饭盒，饭盒里盛的是薄薄一层米饭，那是和大家一样准备的午饭，杨明义他们是天刚亮就出发的，还没到目的地，肚里那碗粥早就跑得无影无踪了。好不容易到了木渎，杨明义忍着饿“画了一张水彩和一张速写，我想时间应该差不多了吧，可一看太阳还没到顶。”实在饿坏的杨明义也不管三七二十一，就三下两勺将那层薄米饭消灭光了，其实那时只有上午九点半。杨明义满足地抹进沾在嘴角边的一颗饭米粒，又专心致志地继续画他的写生了……

回想那些时候的窘境，杨明义没有流露出困苦的表情，而是一种对过往的坦然和珍视。

在美校读书时，杨明义的画常常受到他的两位老师不同的“待遇”。一位吴敦木，一位许十明，吴老师用的是“激将法”，他批的分数总是中偏下，但画一到许老师那里常常会得到很高的分数，甚至满分——5分。现在从教育心理的角度来看，许十明老师是一位极懂教育心理的老师，他虽然没有吴敦木那样对待杨明义作业的严厉，但他鼓励了一颗年少向上的心。

这位颇懂教育心理的许十明老师，让杨明义至今还记得许老师是很耐心、很“艺术”地教学生们如何把生活中的素材“变成”自己的作品的情景。“我在绘画上任何微小的进步都得到他的鼓励和肯定，使我在努力中有了更大的信心。”一次，杨明义他们这批同学和许十明老师一起坐了小船到木渎，“在木渎敌楼那里写生，许老师就看着我画，等其他同学都画好了，许老师看我还没画好那张水彩画，就说‘杨明义你画好了，我等你，’当时我就很感动，心里想哪有老师等学生的，他对我真是如父亲一样好。”

1960年杨明义在苏州郊区木渎的水彩写生《敌楼》也是当时许十明老师在旁耐心等待他完成的这张水彩写生

那时候从美校回家的杨明义总会向父母提到学校老师待他如何如何。一次，无意间他又说到许老师怎样耐心教导他时，一旁的父亲忍不住地问了句：“是不是那个叫许石民的人，

昔日苏州工艺美术学校校长贺野（右）和杨明义的合影

杨明义旅美十年后归国探望许十明老师

1979年杨明义与许十明老师在画展上

我认识他的，以前常来我们家的杨二林堂毛笔店坐坐，和我很谈得来的，是我老朋友了，大概现在名字改了才叫‘十明’的吧。”一脸稚气的杨明义不解地望着父亲：“怎么可能，许老师可是大画家哎！”可当杨明义壮大胆子去问许老师是否认识自己父亲时，许老师茫然地问了句：“你父亲叫什么名字？”“杨正冠。”“想不到你是杨正冠的儿子！”杨明义得到了肯定的回答，心头不禁沾沾自喜起来，心想凭着这层关系，许老师一定会“帮我的”，但“谁知许老师还是像以前那样严格要求我，并不因为和我父亲相识而放松对我的要求。”杨明义说：“当时许老师的儿子也在美校学习，但许老师为了‘避嫌’，更为了让儿子得到其他老师同样的严格要求，竟将他原想培养画国画的儿子，送去读装潢设计专业。许老师的人品也成了我以后做人的榜样。” 的确，在杨明义心中，许十明老师不仅只是他的艺术导师，更是他杨明义做人的一杆标尺。

1962年，通过四年美校学习的杨明义以优异成绩从苏州工艺美术专科学校毕业了。同年，年仅19岁的杨明义被留校任教，教授中国画及装潢设计。杨明义有幸在重办的工艺美校里和许老师一起工作了，“一同教起比我更年轻的学生来了。”在以后接二连三的政治运动中，尤其在“文化大革命”中，许十明始终坚信真理，坚持原则，“曾多次在背后偷偷告诫我说话要小心，要牢记反右时的教训，政治上切不能犯错误，这是一辈子的事等等。以后我们先后在文艺创作室、国画院一起工作，他克服疾病带来的困难坚持创作，又创作了不少优美的江南风景画。尤其令人难忘的是他为拙政园进门大厅设计的一张巨幅拙政园全景图，被雕刻成黑漆屏风，再嵌进各种颜色，光彩夺目，观者无不称赞。”

2006年的早春时节，杨明义到江南各地收集“百桥图”创作素材时，他又不知不觉地走到了当年他的国画老师许十明生前住过的那条小巷——苏州平江路胡厢使巷。

1962年杨明义在苏州工艺美校创作设计的壁挂《江南金秋》

望着这条熟悉的小石子铺成的小路，杨明义感觉“真是亲切，这是我以前探望许老师经常来的地方，推开大门即是一个天井，靠门朝西的花坛上种着天竹和各类的盆栽。中间和南边的厅堂是许老师会客和我们闲谈的地方，师母总会热情地给你泡上浓浓的一杯绿茶，老师则坐在破了的藤椅内。他在深深的近视镜一圈圈的光亮后向你露出微笑的目光，挂在木柱上的小广播盒子正预报明天的天气……”杨明义是一个注重细节的人，他的观察、记录，真切又感人。

从1959年至1966年，杨明义就是在那“春色如许”的园林、如诗如画般的苏州工艺美专里度过了他的求学和教书生涯的。

1961年杨明义在上海《小朋友》杂志上发表的作品《村史展览》

中国新进版画家

我为美而死，但是还未
在我的墓里安息，
又有个为真理而死的人
来躺在我的隔壁
他悄悄问我为何而死？
“为了美”我说。
“而我为真理，两者本一体。”

——艾米莉·狄金森

20世纪五六十年代，那个环境，大凡学习绘画者，基础训练大多是从传统中国画入手的，杨明义也不例外。虽然笔墨基础是承袭传统中国画，但杨明义的创作道路实际上是从创作版画开始的。

1982年杨明义（左）和中国版画家协会主席李桦（中）同窗好友褚铭在苏州

早在1960年还是10多岁的杨明义，他就已经临摹过许多古代优秀作品，及至以后临习的如《八十七神仙图卷》、《永乐宫壁画》、《溪山行旅》和一些“明四家”、“清四僧”的作品，对于古代传统绘画无论从理论到技巧，他都有了相当的把握，加上学校的隔壁就是博物馆，平时可以经常去看八大、石涛，包括不少宋元时期的佳作。那个时候，美术已沦落到成了政治的附属品，美术简直就是“宣传工具”，也是它最重要的使命。善于思考的杨明义迷惘了，无奈着。

一次偶然的机会，杨明义接触到了版画，版画创作中的那种不拘于传统的线条表现形式深深地吸引了他。

苏州，这个中国五大年画（苏州桃花坞、河南朱仙镇、天津杨柳青、山东维坊、四川绵竹）之一

今月の表紙

中国現代版画誌上展

「やまももの熟れる頃」とその作者楊明義さん

「やまももの熟れる頃」は抒情的な作品で、画面いっぱいに、江南の風光と人民公社の社員の働く姿がとけあっている。

小さな船着場のうしろ、春雨にけぶる山がみえ、果樹がおいしげっている。人民公社の社員たちがやまももをとっている。それをかついで山をくだるもの、舟ではこぶもの。ととのった構成、おだやかな色調にくわえて、江南の黒い瓦と白壁の家、ゆきかう小舟、うす墨のにじんだ画面は雨もよいの水郷の風情を的確に描きだしている。赤い実の色は雨にうたれてことさらに美しく、目にしみる鮮かさだ。山も水も紅に映えるようである。

作者の楊明義さんは新進の版画家。一九四三年、江蘇省の蘇州に生れた。一九六〇年蘇州工芸美術専門学校を卒業、「やまももの熟れる頃」は伝統的な色彩版画の技法を駆使して現実の生活をえがいたもので、生活にたいする作者の愛情がにじみ出ている。

1963日文版《人民中国》杂志发表杨明义入选第五届全国版画展的版画作品“红梅时节”并刊出介绍文章和作者照片，当时杨明义20岁

——桃花坞木刻年画的发源地，有着深厚的传统积淀。1959年，由苏州当代版画创作的先行者周伟明、劳思等人发起组织了业余版画小组，带动了一批有志版画创作的青年人。

因为杨明义也喜欢木刻版画，他便要求申请到版画小组去。由于有着深厚的国画基础，刻起版子来也得心应手，加上杨明义勤奋好学，善于思考，一下子就找到了感觉，找到了创作的表现语言。“一群以周伟明为‘领头羊’的年轻人在文联和群众艺术馆的支持下成立了美术小组。起初有周伟明、周达明、张天寿（劳思）结伴，继而杨明义、管牧（根泉）、褚铭、王祖德、顾曾平、陈国庆（陈设）、顾文熹、孙人伟、夏维淳、余琴芬、江枫、潘裕钰陆续加盟，人丁兴旺。又因褚铭善于思考、能沉着处理事务，被誉为‘军师’。”苏州文化界老领导段东战现在回忆说。

段东战说：“那批学生家境都很清贫。买不起木板便以石膏自制刻板，木刻刀不够，则相互借用。”那时候小组人员轮流用的刻刀是段东战送的，正是这一群年轻人，他们在苏州市群艺馆的组织下，经常利用节假日下乡深入生活搞创作，又把版画作品送到工厂和农村去参加活动。为了赶时间，配合当时政治运动，他们连夜集体刻制版画，困了，就睡在群艺馆的地板上，渴了，就喝点茶水润润喉咙，这些画及时在群艺馆街头的橱窗内展出，在报刊上发表，得到了群众和领导的好评。“如‘援越抗美’游行中所举的版画就是我们连夜赶制的。”杨明义说：“那时我们的全部精力和时间，就这样投入到自己热爱的版画艺术中去了。”

杨明义在美校学习期间就曾尝试将中国画中的笔墨与意境融入到版画之中，他创作了大量反映现实生活题材的作品，作品在以后的连续几届全国版画展中都入选。1963年、1964年，苏州两次举办苏

1961年杨明义在大运河畔写生时的留影

六十年代杨明义（左三）和苏州业余版画小组成员在农村写生

州版画展，以及在镇江举行的四市联合版画展，杨明义都有作品参加。1963年，杨明义的一幅水印木刻作品《红梅时节》入选第五届全国版画展，并发表在向海外发行的《人民中国》杂志7月号的封底上。这是苏州版画界第一位画家的作品在这一重要的对外宣传杂志上发表，旁边还刊登了杨明义的照片、简介，日本艺术界还赞誉杨明义为“中国新进版画家”。这怎不让时年20岁的杨明义激动万分呢？因为此前同获此殊荣的只是诸如古元、李桦等中国版画界的前辈画家和作品！

苏州文联的老领导、当年美校的老校长贺野还回忆道：“版画小组都是不满20岁的小年青，他们有着高度的创作热情。杨明义的《水乡的女儿》还获得第八届全国版画展优秀创作奖，《五月枇杷满树金》一画发表在美术杂志上，另一幅《白兰飘香》则参加了1982年的巴黎春季沙龙画展。”

杨明义那时和版画小组一起创作的版画如《接过雷锋的枪》、《要巴拿马不要美国佬》、《工业支援农业》等作品给大家留下了深刻的印象。就是在“文革”期间杨明义他们也未懈怠，由韩黎坤、杨明义、潘裕钰、周兴华、劳思集体创作的《苏州新貌》曾被选入1974年全国美展，可见苏州的木刻水印版画在那时已达“国家级”水平。现在，当人们再回顾杨明义那个时期的作品时，除了明显感觉到那个年代特有的政治烙印外，还是不得不赞叹杨明义的天赋才情、刻苦勤奋以及他精到的艺术功力的。

40多年前，著名版画家古元来苏州写生，看了杨明义等苏州一帮年轻人的版画就十分高兴地说：“社会生活赋予我们极为丰富和生动的营养，是创作的源泉，是“大鲁艺”，从你们的作品中可以看出，你们是深入生活的，要坚持下去！”杨明义等人的作品也经常在群众艺术馆墙报《百花园》中出现。

就在2006年6月23日，苏州张氏义庄内召开的苏州民俗工作者金煦纪念文集《煦风絮语》首发式上，苏州文化界老领导钱瓔还追忆道：当时苏州观前街的群艺馆橱窗内、画廊里有不少诗歌、散文和有民俗情调的文章，特别还有杨明义的版画、插图，真是精彩纷呈……

政治对艺术的干扰，如果能充分利用，损失不是太大，或许也能创作出很好的作品。事实上也确实如此，历史上许多著名的画家在被政治“瘦身”的时候，他们的艺术生命却绽放得逾加鲜艳。而且，还有一些画家借外力把自己的作品推向一个高度，比如像李可染、钱松喦的绘画就是“借”政治的力量把他们自已推到一个高度的。而且对于成功人物来说，他们都善于思考，善于利用和借鉴。只要动脑筋思考，走自己的路，政治有时候可能不会阻碍艺术创造。

应当说杨明义踏进艺术门槛之后，一开始学的就是“纯而又纯的”传统，“宋、元、明、清的山水

1961年杨明义临摹的明代陈洪绶《归去来图卷》（局部）

1960 年杨明义临摹的元代王蒙的山水画《惠麓小隐图卷》

我都临摹过，人物画从《高逸图》、《朝元仙杖图》到任伯年的作品我也都学过。”那时刚刚进入美校的杨明义听从吴敉木老师关照：每位学生节临《八十七神仙图卷》一段，只要求临摹其中一个人物。但喜欢画画，好胜心又强的杨明义，将其他同学的各自那一段也要了来，他是班里惟一一个临全《八十七神仙图卷》的学生。时至今日那卷习作还被他保存着。至于“为什么会去走版画的路？因为那时提倡绘画为工农兵服务，要反映社会主义生活。传统的十八描之类，根本不适合画现代人的衣纹，用不进去。” 后来杨明义请许十明老师示范，他请求许老师用传统的线条勾一个现代人物，“但我看来看去也不觉得有什么好，相反还觉得很灰心。”而出去写生用“四王”的画风来面对水乡生活的场景，也是显得不伦不类，尽管杨明义对传统技法研究颇有深度，“但当时传统已是死路一条，我也就开始出去画速写了。”

杨明义虽然没有受到政治的严重迫害，但“人治”的“阻碍”对他还是很有影响的。正是在当时那样一个环境下搞创作，杨明义说，传统笔墨在那个时代很难描绘出时代所需要的“新生事物”，中国画的确是强项，但在特殊年代“反映现实生活”却成了难题，他怎么也弄不明白，如何将中国画的传统构图及技巧运用到反映工、农、兵题材上，水电站、铁塔、水渠、电线杆，炼钢、还有插在山顶上的红旗……怎么入画？他画了许多，想了很多，实在找不到感觉就出去走走，回来用冷水洗把脸，可还是伤透脑筋。“绘画语言找不到，艺术创作来源于生活，又要高于生活，怎么办？”作为一个艺

1959年6月杨明义在新苏州报上发表的和褚铭合作的木刻

术家，杨明义的头脑非常清醒，他有一种常人所不具备的精神状态，抱着一颗体察民生、社会的心，聪明的杨明义就是蘸着传统之墨，画出了“新东西”。

在杨明义这个时期的作品中，不难发现杨明义已经开始在追求一种水乡清丽典雅的韵味了，他有意无意地把版画的概括、简约及大块整体来反映局部的手法融进国画，而这些为杨明义以后向这条创新之路的发展埋下了伏笔。杨明义的版画创作一开始就很顺手，“我的版画常常在上海、江苏、北京的报刊杂志上接二连三地发表，还被选为江苏省《雨花》杂志的封面。我觉得这条创作的道路我是走对了。”

1966年杨明义为苏州刺绣研究所进京刺绣展设计画稿，此为宣传品封面，上图为由杨明义设计之绣品《赤道戦鼓》

1962年，一幅名为《城来乡往》的水印版画诞生了，画面简洁明快，看上去形式、内容都是极符合当时“时代需要”的，可谓“笔墨当随时代”的典型：在宽阔的江南大运河上，前面一条船上装满了拖拉机、马达等农用机械物资；后面一条船是堆足了乡间丰收的瓜果蔬菜等；在这工业支援农业，农村回报城市的热烈氛围中，让人们看到了“社会主义建设欣欣向荣的景象”。

至今杨明义还对那幅画表示满意：笔墨、线条等都来自于传统，有中国画味道，又有木刻版画味道。特别画上很宽阔的留白上安排轻盈活泼的飞燕，当时着实让杨明义动了一番脑筋。那一时期的杨明义无论剪纸、版画、漫画等等，他“全弄的”。早在1959年期间，《新苏州报》上还刊登过杨明义和褚铭合作的好几张剪纸和木刻。杨明义还回忆起在工艺美专，什么工艺技艺都学，玉雕、制扇、漆雕等等，他还到刺绣研究所学过刺绣，“一位前来视察的首长还拍拍我的头说：男娃娃也做刺绣啊。”等杨明义抬头一看，才知道“居然是贺龙，”当时的国务院副总理。

杨明义1962年创作的水印版画《城来乡往》发表在1963年7月份的《雨花》杂志的封面

可面对那一方留白，杨明义总是觉得不完美。冥思苦想的杨明义偶然一抬头，看见天上突然飞过的鸟儿，他灵机一动：何不用燕子这一飞禽来补白，这样还能表现画面的欢快、胜利、团结的情绪和气氛。可为找一只杨明义心中理想的“燕子”，这位被吴敉木称赞“眼界蛮高”“蛮用功、蛮认真”的学生，就“钻”到古今中外的绘画作品中去寻找，他想借鉴国内外著名画家在处理这一方面问题上的经验。终于，他“看中”了任伯年的燕子，辗转他又找到了苏州另一位大画家——张辛稼，因为他听说张辛稼对描摹任伯年的燕子有独到功夫，于是杨明义又从张辛稼画的燕子中得到了启发，尔后又进一步琢磨，将那些燕子“放飞”到他自己的那幅水印版画《城来乡往》之中。

1964年，杨明义创作了《进城》水印木刻，表现了当时在上山下乡运动中知识青年的生活，获得了苏州市美术比赛第一名。

1985年杨明义创作的水印版画《一条大河》获“姑蘇之秋版画展”二等奖

1983年杨明义创作的水印版画《家乡的风帆》获全国美展铜奖。

1978年杨明义创作的水印版画《五月枇杷满树金》入选全国版画展

1979年杨明义创作的水印版画《白兰飘香》被入选中国首次参加的法国春季沙龙展

从“抱石皴”受到启迪

你有时候就像那美丽的天边，
雾季的太阳照得它明亮耀眼，
乌云密布的天空落下了火光，
你这湿润的风景是何等辉煌！
——夏尔·波德莱尔

1963年的夏天，杨明义的版画作品引起了省美协领导的注意，被省美协领导点名要参加在南京举办的江苏省水印木刻创作训练班。那时杨明义刚满20岁，是班上年龄最小的学生，也是在那个时间，杨明义的作品第一次入选了全国版画展。

说起那个时候，杨明义还清楚地记得当时江苏省美术馆馆长吴俊发，“他手把手地教我，使我懂得了许多创作的技巧。”等学业结束，临返苏州前夕，“吴俊发老师再三叮嘱我，回去后一定要坚持创作，深入生活，做个生活中的有心人。我把他的话端端正正地记在了随身携带的小本子上。”

也就是这次进修机会让杨明义结识了当代山水画大师傅抱石和他的长子傅小石。

杨明义知道那时的傅小石尽管风华正茂，但经历了1957年反右运动，被认定是和他所就读的中央美术学院院长江丰有“牵牵扯扯”的关系，便以“莫须有”的罪名将他打成“右派”，下放北京郊区劳动。还是他的父亲通过郭沫若的关系，才好不容易将那会儿刚被摘掉帽子的傅小石弄回到了南京，并也参加了这次创作训练班。但从中央美院版画系毕业的傅小石只能做些诸如卖饭票、背运书籍资料等杂事。许多人知道傅小石的“背景故事”唯恐避之不及。

也许是从小受母亲与人为善的言传身教，也许是身上与生俱来就没有势利人的恶习，杨明义竟称呼傅小石为“傅老师”。可那一声“傅老师”直吓得傅小石连连摆手：“我犯过错误，你不要这样叫。”

其时，杨明义看见过傅小石常利用空暇时间画的速写、水墨人物画。那一幅幅笔墨洗练、造型准确的画透出一股灵气和神韵。用吴敦木的话来说，让杨明义看重的人不会是一般的人。虚心好学的杨明义和傅小石“一起散步、讨教，渐渐我们在那种环境下建立了友情。” 在休假期间，杨明义也被傅小石邀请到家里去玩，那时也有机会常常见到傅抱石，“傅抱石先生总是很亲切地招呼我，并高兴地叫出儿子：‘小石，苏州杨明义来了’。”渐渐杨明义成了傅家的常客，他也因此有机会在傅家亲眼目睹了鲜为人见的一位首长、一位领袖的手迹。首长便是时任中央书记处书记的康生，他写的“妙手”二字书法挂在傅家会客室墙上；还有一幅气势不凡的书法——“江山如此多娇”，就是“伟大领

1963年杨明义（前排左四）、傅小石（前排左三）在江苏省水印木刻创作训练班结束时合影

袖”毛泽东的亲笔题字，要知道毛泽东的手迹向来由中央有关部门保管，绝少流向社会。

1959年初，著名山水画家关山月和傅抱石接受了国庆十周年为北京人民大会堂正厅创作巨幅国画的任务。周总理十分重视这件事，他对两位画家说，应该把创作这幅画看作一项政治任务来完成。关山月与傅抱石认真研究了几天，画出了小稿。他们按周总理的意见，整个画面要表现出我们伟大祖国的风貌：近景是江南青绿山川、苍松翠石；远景是白雪皑皑的北国风光；中景是连接南北的原野，而长江和黄河则贯穿整个画面。周总理看了画稿以后，指示说，画面还要画上红太阳，体现“东方红，太阳升”之意。周总理说：“画上红太阳，也是象征毛主席、共产党的领导。”

画稿通过之后，关山月和傅抱石开始着手作画。宣纸是用乾隆年间存下来的厚古宣，宣纸足有铜钱那么厚，他们用的笔最大的像笤帚那么大。经过一个多月的紧张创作，《江山如此多娇》这幅巨画才基本完成。这幅空前的巨画高5米半、宽9米，陈列在人民大会堂。两位作者将中国传统山水画避世的清高转变为紧密结合现实的歌咏，成为传统山水画创新的典范。

这样巨大幅面的山水画，在我国历史上是罕见的。在一幅画面上表现出我国幅员辽阔、气势雄伟的壮丽山河，是前人从未尝试过的。《江山如此多娇》，气魄之大，意境之新，布局之美，令人称绝。它把伟大祖国的壮丽河山荟集画面：一轮红日从东方升起，普照着大地；山峦起伏，连绵不绝，浩浩瀚瀚，郁郁苍苍；其下飘然的烟云，回绕着整个大地；古老的长城，奔腾的黄河，婉蜒的长江，世界屋脊的珠穆朗玛峰，都形象地跃然于画上；近景是一片青绿的丛山，其间点画了华茂的树木。在画中似乎描绘了泰山、衡山、华山、恒山、嵩山，但仔细看，又不完全像五岳，这是作者巧妙的立意，由观者自己去想象和回味。总之，这幅画充分展现了祖国江山的雄壮、辽阔，富有时代新意，观之令人心旷神怡。

这也是建国以来，唯一由毛泽东主席亲笔题字的中国画。巨画完成后，毛主席亲笔挥毫，题上“江山如此多娇”六个行草大字。

杨明义好奇地向傅抱石打听这幅字的来历，傅抱石毫无架子地告诉他，是在为人民大会堂创作《江山如此多娇》时，“我和关山月请主席题的，主席写了好几张，我们两人各留了一幅作纪念，那上面‘毛泽东印’的印章，也是由我篆刻后盖上去的。之后，再请文化部副部长齐燕铭把印章送赠主席的。”

印章是用寿山石刊刻的，印纽为古兽，印面5厘米见方，字体苍劲挺拔，颇具秦韵汉风。毛泽东当时见了印章印模，十分欣赏，赞叹说：“不愧是当今艺术大师力作。”但毛泽东的书法作品一向不加盖印

1996年杨明义父子自美国归来拜望傅抱石夫人

1963年夏在南京中山陵藏经楼江苏省水印木刻创作训练班上傅小石为杨明义画的速写

章，他说一生没有用过印章。曾风趣地对傅抱石说：如果我当皇帝此印嫌小；如果我是普通百姓，此印又嫌大，而且一般人难以辨识。如果再过些年，告老还乡，我毛泽东卖字为生，加盖此印章，肯定售价不菲，沾您傅老大光了。

等杨明义“大串联”时再访汉口路傅家时，傅家在经过“红卫兵”反复多次“抄家”后，那两幅手迹和傅家其他许多东西都不知了去向，墙上则刷满了“砸烂反动学术权威傅抱石的狗头”大幅标语，“当时听说傅老的墓也被彻底砸了，尸骨至今下落不明。”杨明义动情地回忆着。

也正是那个时期，杨明义接触到了中国山水画技法中以前没有的画法——“抱石皴”，在保守的年代里，傅抱石的画是不被传统画法的人所认可的，认为傅抱石画的是“水彩画”，但就是那“抱石皴”让杨明义受到很大启迪，他后来画风的形成也与之有关。

虽然，黄苗子说杨明义的画：“少用皴擦，多用渲染。”画面的空灵把人带入诗的境界，龚定庵最爱“似水年华似水秋”的苏州，在杨明义的作品中，充分地表达了这种气氛。但杨明义还是太喜欢傅抱石作品了，可他知道自己不能那样画，那“还不是我心中的语言，只是我太喜欢了。”

细心的杨明义至今还保存着傅小石从1963年至20世纪70年代中期，送给他的在三个不同时期创作的人物画：“木兰从军、火烧草料场、秦琼卖马”系列；“鲁智深、屈原”等历史人物系列；“人物写生长卷”系列，这些作品杨明义在以后的日子里请一些大家看过，叶浅予、亚明等看后分别称赞：傅小石“有才气”、“实为奇才”；黄胄做客杨明义的“近日楼”，看了杨明义从柜子里拿出的傅小石作品集后，感慨无比，遂题跋道：“自古来画家之子有出息者甚少，傅小石好在无其父风貌而能自出新裁……”

但就是这样一位奇才却在那“史无前列”的日子里无端被关入大牢，在狱中又被砸坏了腿，之后听到平反的消息又兴奋不已，饮酒过度，致中风成半身不遂。杨明义得知后马上赶到南京医院看望傅小石。杨明义充满感情地说：“他病后克服了许多困难，又改用左手作画，又画出了别一番情趣的泼墨人物画来，活跃在当今画坛。”

一册由中国美术出版社出版、印行仅500册的《名著中的性幻境》就是傅小石在2006年年初送给杨明义的。也正因为杨明义在那个特殊年代与傅家结下的缘，后来当傅抱石的女儿傅益瑶从日本到美国纽约办展览，听说彼时的杨明义也在美国，便想方设法联系上后专门赶到杨明义在纽约的“近日楼”，和他聊了整整一夜，还专门赠送杨明义一只她绘制的紫藤花画面的青花瓷瓶，并将带来的不少日本画纸也赠送给杨明义。真诚为人的回报不仅仅是一些礼物，也是一种情意的延伸，也足可见杨明义的为人是经得起两代人的信任的。

为长江大桥栏杆设计图案

我知晓闪电中洞开的苍穹，
龙卷风，拍岸浪，激流狂澜，
还有黄昏
晨曦，像鸽群振翅排空，
有时，我看见了人类意想中的蜃景！
—阿尔图·兰波

1969年，对杨明义来说是他与桥有缘的一次“邂逅”，也是他绘画作品又一次得到承认的“纪年”。

1968年12月29日，一座横跨大江南北的南京长江大桥竣工了。有位哲人说，“桥是凝固的历史，它记录了民族的精神。”中国桥梁辉煌的“浓墨重彩”一笔被绘于滔滔的长江之上。

长虹接地通南北，远水浮天贯古今。6300多公里的长江发源于青藏高原各拉丹东雪山的沱沱河，流经11个省市。多少年，多少代，中国人梦想在长江上建桥，1957年10月武汉长江大桥建成圆了国人第一个梦想。而南京长江大桥是第一座由中国人自行设计建造的双层式铁路、公路两用桥，上层的公路桥长4589米，车行道宽15米，可容4辆大型汽车并行，两侧还各有2米多宽的人行道；下层的铁路桥长6772米，宽14米，铺有双轨，两列火车可同时对开；其中江面上的正桥长1577米，其余为引桥。公路引桥采用富有中国特色的双孔双曲拱桥形式。公路正桥两边的栏杆上嵌着200幅铸铁浮雕，人行道旁还有150对白玉兰花形的路灯，洁白雅致。南北两端各有两座高70米的桥头堡，堡内有电梯可通铁路桥、公路桥及桥头堡上的瞭望台。堡前还各有一座高10余米的工农兵雕塑。正桥的桥孔跨度达160米，桥下可行万吨巨轮。整座大桥如彩虹凌空江上，十分壮观。尤其是晚上，桥栏杆上的1048盏泛光灯齐放，桥墩上的540盏金属卤素灯把江面照得如同白昼，加上公路桥上的150对玉兰花灯齐明，桥头堡和大型雕塑上的228盏钠灯使大桥像一串夜明珠横跨江上。每当夜幕降临，华灯齐放，绵延十余里，“疑是银河落九天”。20世纪60年代，南京长江大桥曾以“最长的公路铁路两用桥”被载入《吉尼斯世界记录大全》。

1969年杨明义参加南京长江大桥栏杆设计工作，此为当时在扬子江畔的留影

而年仅27岁的杨明义，因“文革”中，专家均被打倒了，他才有机会被特邀参加南京长江大桥公路桥栏杆的设计图案和桥头

1969年杨明义参加南京长江大桥设计公路桥面拦杆图案时，徐明华教授为他画的素描肖像

堡内大型中国画 ——革命圣地“韶山”的创作。

那时被邀请作画、设计的有许多画家，北京、南京等地均有画家参加，他们比杨明义先期到达，等杨明义到南京时，他们已经开始了创作，有的画红太阳，有的画天安门，有的画延安宝塔山，有的画韶山，而杨明义为了避免类同，就画了“江南丰收”、“万吨巨轮”、“草原放牧”、“万里长城”和“以岛为家”，一则来展现“农业学大寨”的丰收景象，歌颂“文化大革命”的“胜利成果”，再则包含有“千万不要忘记阶级斗争”、“提高警惕，保卫祖国”的深刻含义。“以岛为家”上“我画了一个雷达表示对台湾要密切关注”。

整整两个多月，杨明义每天只睡3个小时，等画稿完成，一位早先时候见过杨明义作品的中央美院老师一看就说：“那是杨明义画的，你看那岩石上的‘以岛为家’四个大字就是‘杨体’嘛。”正当大家七嘴八舌兴奋地相互评论画稿时，彭冲、许世友等首长来了，老革命们一一审视着每一幅作品，结果“因为画是要用在桥栏杆上的，行人如果站着向大江望，那‘红太阳、天安门、宝塔山等象征革命领袖的图案正好对着人的下半身，这个太不严肃了吧’。”联想到当下一些文学作品被媒体讥讽为“用下半身写作”，起先还当是如今“首创”的时髦语汇，殊不知其实早在30多年前，“有觉悟的”领导就已经有了精彩“造句”，那“画对着下半身，太不严肃了吧”一句，就是经典。政审的不合格，导致许多作品都被“枪毙”，而唯独杨明义的作品全部通过，因为他的画不仅画得好，而且题材最适宜，最后成稿后，还先后得到了中央领导郭沫若、周恩来的赞扬。

杨明义和他设计的南京长江大桥公路桥拦杆图案《万里长城》前

桥栏杆的画稿完成后，主管领导又让杨明义和其他三位画家参加布置在南北各两个桥头堡内的壁画绘制任务，由于杨明义的画稿得到首长的肯定和赞扬，所以当时主事者也很重视杨明义的

意见。为了体现苏州画坛人才济济，杨明义向当时的主事者建议从苏州再选一位画家充实力量，于是，又一位苏州画家到南京去创作另外一幅作品《北京》……

“文革”期间，当郭沫若审视由杨明义等人分别创作完成的陈列在大桥内的“新国画”时，连连称好，说这才是文化革命后的新中国画。可当众人请求郭沫若题词时，郭沫若笑着摆摆手说：“主席讲了，叫我不要到处乱写。”

1971年杨明义在南京创作中国画《韶山》时的留影

杨明义胜利地完成了绘画任务，回到苏州休息了没有多长时候，南京的领导又说要在新建的一座接待中央领导的高级宾馆——南京中山陵宾馆，布置几幅“革命性的、新中国画样板画”，杨明义他们只得又被征召赴宁。

在南京山西路军人俱乐部，那处由南京军区政治部主抓的创作室，因为隔壁图书馆封存查抄来的大量 “封资修书籍”，闲暇的杨明义就偷偷翻墙过去，有机会阅读了大量书籍，“像《红楼梦》、《三国》、《水浒》和不少外国小说都是在那时偷看的。”但到了夜晚，陪伴杨明义他们的就只有一部杨明义从苏州家里带去的红星牌半导体收音机……

从一开始完成南京长江大桥栏杆上的设计图案，到接着完成桥头堡内的大幅画，短暂回苏休息后，杨明义又接到江苏省革委会传达给苏州市革委会的通知，要他“加工完成”《韶山》，由此杨明义在南京画了整整一年。

终于，杨明义按南京军区领导布置的任务创作完成了《韶山》。

20世纪70年代，周恩来总理抱病陪同罗马尼亚总统到南京访问，短暂逗留于南京中山陵宾馆时，大厅里那幅《韶山》让总理的双眉拧在了一起：画面上是世界各国人民同中国红卫兵一起参观红色革命圣地韶山。驻足良久的周恩来总理终于缓缓地说出了这么一句话：“主席已经讲过‘不要强加于人’。外国人不一定要别毛主席像章，手拿毛主席语录，以后希望画家不一定要这样画。”

可周恩来总理怎么知道，当杨明义在画这幅《韶山》时，一位“思想觉悟很高的领导”不时在旁边指手划脚，要求杨明义不能把韶山——毛主席家乡的树画得虬枝突兀，因为“毛主席家乡的树棵棵都是成材的，都是栋梁，不能弯，不能曲，统统要直”。当看见杨明义将石青在树干、树叶上染色、点苔时，那位领导又“及时指出”：石青不能用，因为那是国民党党旗上、党徽中用的颜色，马上改过来……

呜呼！难煞杨明义也！

但周恩来总理对着杨明义的画，说的那句“画家不一定要这样画”的“指示”，却在不久之后就传达给了全国的文学艺术工作者，也总算解放了当时不少艺术工作者的一点手脚。

本来军区领导还计划让杨明义他们沿着红军长征的路线去体验生活，以对那画进一步加工修改，杨明义回忆道：“同时要求我们另外再创作出一批作品，可因为‘九一三’林彪事件发生便没了下文，现在想来也是遗憾。”

1971年杨明义全年在南京军区政治部创作加工的中国画《韶山》 此为作者留存之初稿

苦亦成乐的干校生活

为了不做时间的
愚昧糊涂的奴隶，
快陶醉吧！
永远地陶醉吧！
陶醉于美酒？诗歌？还是道德？
随你便，
但是请快陶醉吧。

—夏尔波德·莱尔

虽然，杨明义在作品题材上能跟上时代主题，但“文化大革命”后期，杨明义竟还是莫名其妙地被派到“五七干校”劳动。

从南京回到苏州的杨明义因长久连续辛劳，欠睡眠，突然脱力，积劳成疾，患上了大叶性肺炎，竟一病不起，他被送进了医院。之后的两年中，杨明义进进出出医院达七八次之多，经过医生多次治疗，杨明义才稍稍恢复了点健康，也正是在这一被杨明义称为“因祸（生病）得福”的时间里，他有机会接待了来苏州的黄永玉、吴冠中等一批画家。

1969年杨明义参加南京长江大桥公路桥面拦杆设计工作，由于劳累过度返苏后大病一场，水墨画《床头》为杨明义在病中的写生作品

1973年，周恩来总理提出给当时北京饭店等宾馆重新布置绘画作品，换下先前的“革命标语”，国家也因此调一批画家进行创作，其中“长江万里图”准备由吴冠中、黄永玉、袁运甫、祝大年4位画家合作。组织上安排他们沿长江先到苏州写生采风，当时的杨明义已不在苏州工艺美术学校当老师，被调到了文化局成立的文艺创作室，领导上就安排病稍稍好了点的杨明义去接待画家们。“那时画家不比今天，画是不能卖钱的，画家的地位也不高，不被人重视。”当时的领导认为陪同、接待那些画家是件苦差使，可就是这件苦差使，给杨明义的艺术人生道路点燃了又一支明灯，照亮他奋进。

那年他30岁。

北京来的画家们对事业的执着，让杨明义感动。“吴冠中、黄永玉拼命地画画，中饭就两个馒头，祝大年一个人画一天画听不到一点声音，而袁运甫画了一整天的画，结束时涨红了脸出来就问我：厕所在哪里？”杨明义的回忆是生动的，这些艺术家们的敬业精神也深深地影响着他。

身体刚刚恢复的杨明义还当仁不让地成了“地主”——积极地给艺术家们当“向导”，他告诉黄永玉和吴冠中，光福邓尉山下司徒庙中有“清、奇、古、怪”四株汉柏，这引起了艺术家们的兴趣。于是，杨明义陪着画家一起来到了光福，“黄先生看见汉柏很是激动，但却面露难色，原来他带去的纸太小，不过他还是坐在园子里写生，没有停顿。”

一天的写生结束，黄永玉仿佛意犹未尽，对杨明义说：“我到过许多地方的森林，见到过各种各样的树木，但如这样姿态多变的古柏却是第一次看见，今天我觉得自己的力量还没有用完，让我再想一想……”“明义，你有没有大纸，越大越好。”杨明义想到自己家里藏着的两张丈二匹旧宣纸，那是在“文化大革命”时，杨明义从一堆被人丢弃的乱七八糟的写大字报用的纸中“偷”出来的，于是他就将那张丈二匹旧宣纸贡献给了黄永玉。

画了整整一天，到天黑黄永玉还没画完这张丈二匹大的白描写生作品。第二天，天还没亮，杨明义就和黄永玉又赶到了司徒庙，被叫开庙门的融宗大和尚很是吃惊：“这么早就来了？”

刚才他们一边急走，一边啃吃大饼油条，现在杨明义和黄永玉静静地坐在这空寂静穆的寺院中，喝着老和尚泡来的清茶，干涩油腻被涤荡得清清爽爽，心情也出奇地淡然。四周黑洞洞、静悄悄，只听得出杨明义和黄永玉两人喝茶的声音，还有黄永玉吸烟斗的滋滋声。“感觉黄先生抽烟时一闪一闪的火光，很分明。”

那个清寂的清晨，乾坤清气！

天色渐渐明亮了起来，黄永玉赶紧继续画了起来，面相和善、经常笑嘻嘻的融宗和尚此时在旁边看得激动，呆了半天，突然转身从里面室内捧出一个红纸包，表情哀怨地对黄永玉说：“我知道你是北京来的大画家，我给你看样东西。”原来那红纸包里是唐云画给司徒庙的画，“文革”“破四旧”时让一群红卫兵小将抢走并和其他字画一起烧了，又被融宗和尚偷偷藏起来的残片。大和尚说得伤心，杨明义和黄永玉听得难过。“你放心，我去上海一定要唐云重新画一张给你，我想他一定会画的。”黄永玉的宽慰，让这位圣恩寺第43代方丈露出了笑容。

“一直画到九点多才画好，丈二匹，又是线描，多厉害！”杨明义现在回忆起来还是很钦佩黄永玉的。“这种精神实在了不起，以前老画家的成功还有别的因素，比如个人的才气，有些我们可以学，有些是学不来的。但是，一个人能将自己的事尽力去做好就不错了。”

1973年秋，杨明义（左）陪同黄永玉（中）在苏州光福司徒庙写生汉柏时的留影

在那半个多月的接触中，杨明义从大师的言谈话语中学到了很多东西，开阔了视野，并和他们建立了深厚的友谊，画家们都和杨明义成了“忘年交”。

当时黄永玉给了好学的杨明义许多指点，细心的杨明义也保存好了黄永玉那时画汉柏的小草图，还有试用木刻刀留下刻痕的小桃木。大画家们彼此间的相互探讨和研究，也使杨明义受益匪浅。那时的杨明义名不见经传，而黄永玉在美术界已很有名气了。那时黄永玉到杨家做客，对杨明义的母亲说：“杨明义画得很好，真的很好，我从不讲假话，他一定会画出来的。”但黄永玉不知道，他这次做客杨家，差点给杨明义带来牢狱之灾。

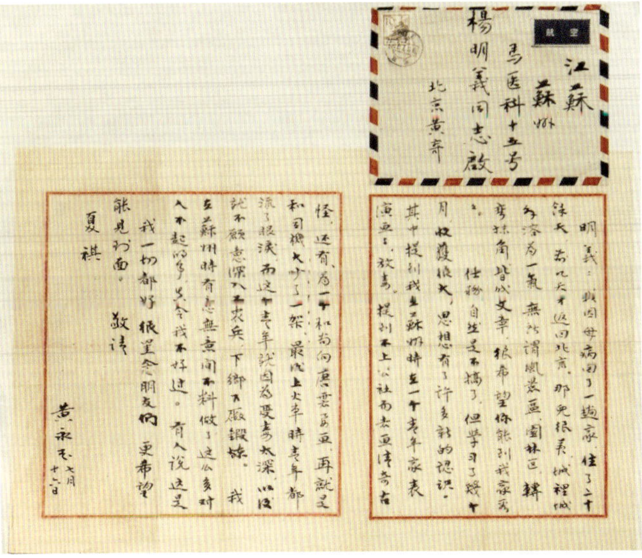
航空
江蘇蘇州
馬医科十五号
楊明義同志啟
北京黃寄

明義：我因母病回了一趟家，住了二十餘天，前几天才返回北京。那兒很美，城裡城外溶為一氣，無所謂風景區、園林區，轉彎抹角皆成文章。很希望你能到我家玩玩。……自然是不搞了，但學習了幾十月，收獲很大，思想有了許多新的認識。其中提到我在蘇州時在一個青年家表演画画，放毒。提到不上公社而去画清奇古怪，还有为一个和尚向唐云要画，再就是和司机大吵了一架，最后上火车时青年都流了眼泪，而这个青年就因为受毒太深，以后就不愿深入工农兵、下乡下厂锻炼。我在苏州时有意无意间不料做了这么多对人不起的事，至今我不好过。有人说这是……我一切都好，很望念朋友们，更希望能见到面。敬请夏祺

黄永玉 七月十六日

1974年黄永玉在北京受到批判，这是当时他偷偷写给杨明义的信件

在“文化大革命”中出现了“批黑画”运动。因为黄永玉不仅到过苏州而且去过杨明义家，还都说了什么，做了什么，这是“文革小组”极为感兴趣的事。于是上面命江苏省严查、严办，要杨明义写出交待材料，交出黑画。但杨明义拒不交待，隐瞒了他们对当时的形势、对“四人帮”的怨言，这也保护了黄永玉和来过苏州的其他几位画家。只是，调查最后问到了位司机，由于陪同的司机太辛苦，说了些气话，便被歪曲地罗织成所谓的材料，并很快上报。上面又不甘心，进行了第二次调查，而杨明义在第二次调查中依然坚持自己先前的说法，于是有人就指责杨明义不与黄永玉等人划清界线。调查过后，杨明义一直心神不定，担心黄永玉处境困难，偷偷给他写了一封信，告诉省里已有人来调查的情况，但请他放心，因为他们得不到什么东西，要他多多保重。黄永玉也化名和杨明义通过好几封信，黄永玉还推托生病，请假在家一个星期，为杨明义画了一张大尺幅的《秋色图》寄给他，落款为“明义存，牯之”。这恐怕是黄永玉在那特定历史时期、难得一见的一幅用“牯之”署名的作品吧。许多年后，时在香港的黄永玉看见杨明义辗转东西方后，仍完好保存着此画，不禁感慨良多，又题长跋于其上。

当时，杨明义的“坚持”，被“组织”视为不配合调查检举，一位道貌岸然的领导竟然大放厥词：“杨明义是中了‘黄毒’，‘黄要他把反革命钢刀磨磨快’。”其实那是黄永玉在车站，对前来送行、热泪盈眶的杨明义说：“要把刻木版的木刻刀磨磨快，便于创作。”颠倒是非的年代自然有颠倒黑白的言论。也是这位领导拿出了“宜将剩勇追穷寇”的气势，“盯”住杨明义不放，说：“杨明义越是一心想要成名成家，不愿意下工厂、下农村，就越是要下放他到‘五七干校’去劳动改造。”

1974年7月16日，黄永玉给杨明义的信中写道：

“……其中提到我在苏州时在一个青年家里表演画画，放毒；提到不上公社而去画清、奇、古、怪；还有为一个和尚向唐云要画；再就是和司机大吵了一架；最后上火车时，青年都流了眼泪，而这个青年就因为受毒太深，以后就不愿意深入工农兵、下乡、下厂锻炼。”

为此黄永玉很有“悔意”：

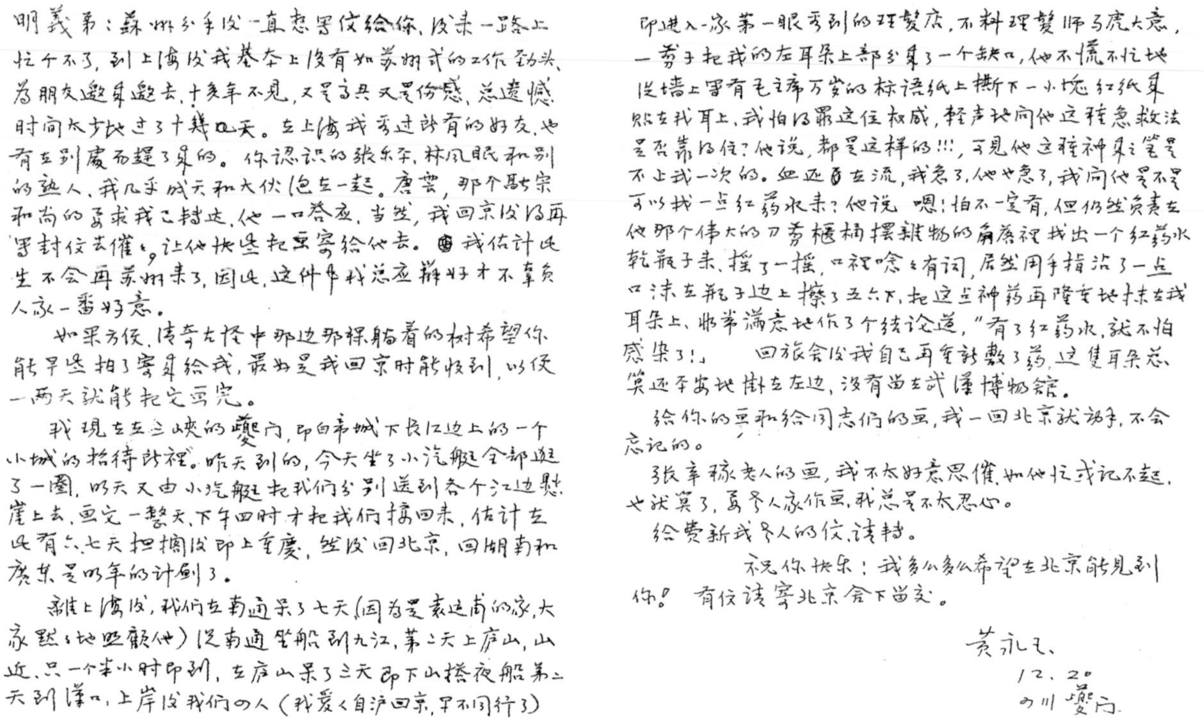

明義弟：蘇州分手后一直想写信给你，后来一路上忙个不了，到上海后我基本上没有如苏州式的工作劲头，为朋友邀来邀去，十多年不见，又是高兴又是伤感，总遗憾时间太少地过了十几四天。在上海我会过所有的好友，也有在别处而赶了来的。你认识的张乐平、林风眠和别的熟人，我几乎成天和大伙泡在一起。唐云，那个“马宗和尚”的要求我已转达，他一口答应，当然，我回京后得再写封信去催催，让他快些把画寄给他去。我估计此生不会再苏州来了，因此，这件事我总应办好才不辜负人家一番好意。

如果方便，传奇在怪中那边那棵躺着的树希望你能早些拍了寄来给我，最好是我回京时能收到，以便一两天就能把它画完。

我现在在三峡的夔门，即白帝城下长江边上的一个小城的招待所里。昨天到的，今天坐了小汽艇全部逛了一圈，明天又由小汽艇把我们分别送到各个江边悬崖上去，画它一整天，下午四时才把我们接回来，估计在此有六七天担搁后即上重庆，然后回北京，回湖南和广东是明年的计划了。

离上海后，我们在南通呆了七天（因为是袁运甫的家，大家默默地照顾他）从南通坐船到九江，第二天上庐山，山近，只一个半小时即到，在庐山呆了三天即下山搭夜船第二天到汉口，上岸后我们四人（我爱人自沪回京，早不同行了）即进入一家第一眼看到的理发店，不料理发师马虎大意，一剪子把我的左耳朵上部剪了一个缺口，他不慌不忙地从墙上写有毛主席万岁的标语纸上撕下一小块红纸来贴在我耳上，我怕得罪这位权威，轻声地向他这种急救法是否靠得住？他说，都是这样的！！！，可见他这种神来之笔是不止我一次的。血还在流，我急了，他也急了，我问他是不是可以找一点红药水来？他说 嗯！怕不一定有，但仍然负责在他那个伟大的刀剪梳桶摆杂物的角落里找出一个红药水干瓶子来，摇了一摇，口里念念有词，居然用手指沾了一点口沫在瓶子边上擦了五六下，把这点神药再隆重地抹在我耳朵上，非常满意地作了个结论道，“有了红药水，就不怕感染了！」　回旅舍后我自己再重新敷了药，这只耳朵总算还平安地挂在左边，没有留在武汉博物馆。

给你的画和给同志们的画，我一回北京就动手，不会忘记的。

张辛稼老人的画，我不太好意思催，如他忙或记不起，也就算了，要人家作画，我总是不太忍心。

给费新我老人的信，请转。

祝你快乐！我多么多么希望在北京能见到你！有信请寄北京会下留交。

黄永玉
12.20
四川夔门

1973年秋黄永玉离苏后在四川写生途中寄给杨明义的信件中深深表达了他们之间深厚的情感

“我在苏州时有意无意间不料做了这么多对人不起的事，真令我不好过。”

杨明义被下放到了苏州尹山“五七干校”劳动改造。可“我接待黄永玉他们有什么错呢？这也是组织和那位领导安排的，虽然想不通，我还是按组织的指示去了干校。”

1973年，杨明义在苏州尹山“五七干校”劳动，但在他心中常常记得黄永玉在苏州时关照他的三句话：

“明义，作为一个画家一个艺术家，你永远要热爱生活，生活、大自然永远是美的，这是白求恩讲过的一句话。虽然生活中有好多丑陋的东西，但是生活的本质是美的，你永远要热爱生活，热爱大自然；

还有，人的一生坑坑洼洼不容易，以后不管你碰到什么困难，你一定要记住，要牢牢地抓住自己的专业不放，不管条件怎么艰苦，你还是要画画，不停地画，不断利用机会锻炼自己的业务，要永远忠贞你的事业；

第三，人的一生肯定免不了会摔跤，肯定会犯错误，如果你犯错误了，碰到困境了，被人不理解了，你经过了这个阶段以后，一定要以崭新的面貌出现在人的面前，不要气馁，不要灰心，要坚持自己对生活的信念。”

“黄老师这三句话我这辈子永远记着，以后的路我也是照着他的话去做的。”杨明义深情地回忆这位忘年交对他说的人生真谛。

在农村，杨明义要做很重的农活，挑粪、种菜、种田，他都要干。“以前也到乡下劳动过，但没有那么集中”。身体的疲乏、劳累，加上政治上的压力，杨明义被搞得身心疲惫。但是对于这段时间，杨明义诉说的却不是苦难，而是一种历练、一种积累、一种洗礼。“我真正体会到了农民的辛苦，它锻炼了我的毅力，对我以后的艺术道路很有帮助。”杨明义就是在那样的情境下，他还见缝插针画了不少速写。“当时的会特别多，我手痒，不能公开画画，就在开会时偷偷画别人的脚啊什么的，反正看见什么画什么。”憋闷长久的杨明义有一天竟在大庭广众之下，突然发疯样地大叫：“我要画画！”

1974年杨明义在五七干校劳动时偷偷画了十几本速写，此《秧田》是其中的一幅

杨明义并没有失去理智，是现实的景象让他太激动了，因为有了美感才大叫的。那天正好天上下着细雨，田间人们穿戴着各种颜色的雨衣，有红的，有黄的，有透明的，人群中还有护士学校来参加锻炼、实习的学生，她们漂亮的身影和农妇、村民的身影一起在忙碌着，绿色的原野衬托着他们，远处有烟雨迷濛的山峦陪伴着他们。“多美的一幅画啊！真是太好看了！”这一切如冲击波一样，撞击在杨明义那敏锐那艺术视觉神经上。

叫声引来了人们的好奇，也感动了当时一位干校队长，他说：“杨明义，我批准你画半天！”现在说起这事，杨明义还要谢谢那位队长，他让杨明义有了一种释放的快感。

为了能有机会多画水乡，杨明义花了整整三天工夫学会了摇船，“那样我就有资格申请加入干校的水上运输队了，这样就方便偷空多画水乡速写了。”但要学摇船也是要等船家空闲时间，而空闲时间只有中午。毒日头下，杨明义用干校里的一条水泥船，一个人在河浜中摇了起来，没有师傅教，全凭平时看见别人怎么摇船，自己也就怎么学，一不小心，杨明义跌倒在船沿，坚硬的水泥船沿磕在了杨明义的肋骨上，疼得他连吸气都痛，四周没有一人，倒在船上的杨明义好久才爬了起来。第二天，他谁也没有敢告诉，又在火辣辣的毒日头下去学摇船了，“因为一告诉别人学摇船受伤，就没有资格申请加入水上运输队了，也就不能多画水乡了。”年轻的杨明义怎么也没想到那学摇船时的一跌，竟让他整整痛了5年。“那之后的5年时间里，不管晴天还是阴天，我的左肋骨总是很难受的痛。”更有说不出的尴尬事，杨明义还被撞进粪船中，那时化肥很少很少，农家都是靠大粪施肥。“我们的船队过宝带桥到市里去运粪，那时大大小小来自农村的船只都要去抢‘米田共’”，也不知怎的，一不小心，杨明义被撞倒在粪船中，他连忙爬出粪船翻进河中，“汤个河浴才上岸，还要装得没有什么大不了，不让人笑话。”

的确，没有什么大不了，什么苦都吃过的杨明义，只为了可以时时穿梭于水乡，时时在水乡写生，苦亦成乐！回忆起当年被田岸上的路人笑指着头戴草帽、上身赤膊下身短裤赤脚、皮肤晒得黑亮，在画

1974年杨明义在苏州市五七干校劳动时，尽量利用一切空余时间写生

速写的自己说："看！那个乡下人也会画画的喏。"杨明义像他的"计策"获得成功一样，大笑起来。

杨明义在他1975年的日记中写道：

3月9日　晴　苏州尹山五七干校

五七干校的生活单调又重复，四周几乎没有能够吸引我的景色。今天清晨，跟船先到了水闸门，取回了城里运来的食品，再返回干校。早上的春雾，突然变得越来越浓，眼前除了近处能见的对象形体轮廓之外，就是白茫茫的一片，太阳在远处熠熠发光，柳枝的线条和近处船只，活动的人影突出在人的眼前，中间灰蒙蒙的一片迷茫被延伸到视点外的很远很远，我眼前的世界顿时变得整体、清新，简洁而动人，好看极了，我赶快用水和墨记下这一印象，这清新而感人的空灵之美，正是我多年在画中追求的灵魂。

在探索中国画的创新道路上，杨明义曾对林风眠的绘画情有独钟。20世纪70年代后期，杨明义听说林风眠要离开上海到香港定居，"我很想在这之前能有机会拜见这位不大出门、不肯随便见客的神秘画家，向他当面讨教。"在辗转获得了林风眠同辈好友的介绍信后，杨明义携带着自己的一部分写生和水墨画作品，叩开了上海南昌路一幢欧洲式的二层楼的宅门，见到了孑然一身，却是倡导"中西融合"的开拓者和美术界的精神领袖。

当这位孤独而慈祥的老人看了杨明义带去的作品后，屋子里静了好几分钟，好像预感到什么似的，林风眠感叹又动情地对杨明义说道："中国画的创新，我才走了第一步，以后的路要像你这样的年轻人走下去。"也是在那一时刻，杨明义觉得自己肩上有沉甸甸的感觉。"我体会到要在中国画领域中创造一个新面貌，也许需要几代人的努力，不是一件轻而易举的事。"看着林风眠身后卫生间露出浴缸的一角，杨明义很快联想到"文革"中，林风眠正是将近千幅的画作浸在那里面，又捣烂，然后把它们冲入抽水马桶抽掉。那次"当面讨教"让杨明义铭心刻骨。"也坚定了我在中国传统水墨画上的创新的信念。"

1978年，为了表现水乡欣欣向荣的繁荣景象，杨明义创作了一幅反映中国水乡全景生活风貌的风俗画《水乡节日》。那画里有人物300多个，姿态各异，生机勃勃，简直就是新时代的《姑苏繁华图》。当画一展出就受到大家的好评。也就在1978年，中央美术学院决定招收第一批研究生。当时老版画家李桦主持版画系，因为他在此之前已经看过杨明义的作品，就写信通知他争取抽出时间来北京参加考试，黄永玉、黄苗子、吴冠中、吴作人、黄胄等人也都特别希望这位忘年交能来北京学习发展。可就在杨明义准备动身的前几天，一位亲属重病在医院，无人照料，杨明义只好放弃了考试的机会……这对35岁的杨明义来说，心里的遗憾可想而知！

倡办新中国第一家版画廊

太阳，温存与生命之炉，
向着陶醉的大地倾下热辣的爱。
当你躺在山谷的时候，
大地将你拥抱，
他那崇高灵魂所升华的博大心灵，
温存如上帝之爱，清爽如美妇之身，
饱蕴着精华与光明，
哺育着那芸芸萌动着的新生。

——阿尔图·兰波

苏州国画院曾在20世纪80年代初借驻苏州博物馆（现门额为忠王府）办公，而那时的杨明义还是拿着他的画笔，发疯一样地拼命画画。“我们办公作画的那幢楼，因为隔墙对着拙政园的远香堂，所以被张辛稼称作‘远香楼’，而我们也仿佛能在空气中闻到淡淡的荷花香气。”

“那时夏天，夜晚四周很静，博物馆里宝物无数，楼下仓库堆满文物，夜深人静，出于对文物安全保卫需要，每天晚上总有值班的人巡逻。一次他们看见我楼上灯火通明，又没什么声响，以为发生了什么情况，值班的人就蹑手蹑脚摸到楼上，当看见我赤着膀伏在桌上画画，地上又是铺满一地板的习作时，他们傻掉了。”

因为晚上国画院的其他画家都下班了，只有杨明义一个人，他就自说自话地将吴敖木等先生和同道的画桌“占为己有”，桌上、地上铺满了他的画稿。见着独自在楼上挥汗如雨搞创作的杨明义，值班的人脱口说了一句：喔唷！不得了！你杨明义不成功，谁成功？

20世纪80年代初，周伟明、张天寿、褚铭、潘裕钰等20来个热爱版画事业，愿意同甘共苦的年轻人又走到了一

70年代末杨明义开始探索新风格表现江南的水墨画，这是他当时的作品

1974年苏州业余版画组的画家们在北京长城的合影

起，在改革开放的春风下，成立了苏州版画艺术研究会，并一致推选杨明义为会长。此时的杨明义，一方面负责起了版画集体活动的组织和对外联络工作，一方面他更加刻苦认真地进行绘画创作，他还被选派到北京中央美院进修。1980年杨明义考入了中央美术学院版画系进修班，讲课的老师都是名家：李桦、古元、王琦、彦涵、李可染、叶浅予、周思聪、袁运生、陈丹青、徐冰等等，也因此杨明义遍访名师，广交朋友，多方游学……

1981年，杨明义带着他精心创作的苏州水乡作品出访日本，在神户中日友好画廊举办“苏州风光画展”。1981年，杨明义的版画《水乡的女儿》获得第八届全国版画展优秀奖，作品在《美术》等各大杂志发表。1984年，《家乡的风帆》又获得第六届全国美展铜牌。版画艺术研究会的其他成员的作品也分别入选全国美展、全国版画展。苏州版画艺术研究会会员的作品还被苏州市领导作为珍贵礼品馈赠国际友人。

由于要经常性开展活动，就不可避免地需要经费开支，于是版画研究会的会员们集思广益，提议把他们自己创作的、表现苏州水乡景色的版画作品，陈列出来办一个画廊，展出销售，用这个办法来解决经费问题。但当时人们的思想是很保守的，“那时候拿了工资还卖画是不允许的。”可想而知，杨明义他们要面临怎样的艰难。“卖画”，这是一道世俗的篱笆，也是一道政治的樊篱。可就是这样，杨明义他们还是执着地开始筹建新中国第一个“版画廊”——苏州版画廊。“每人先出钱自己做镜框，和文联、园林、银行等单位联系，争取他们的支持，克服许多意想不到的困难。”

1981年杨明义的水墨画，《雨后渔村》入选中国首次赴法国巴黎的春季沙龙展

为让版画廊能有一个良好的市场、成为一个对外展示苏州文化艺术的窗口，杨明义特地自己花钱买了一斤当时算是高级食品的大白兔奶糖，带上一向支持苏州版画事业、苏州著名书画家费新我专门书写、杨明义自己作画的一柄折扇，通过关系找到了当时苏州外事部门的一位翻译，请求支持和帮助版画研究会开展活动，把苏州版画介绍给来苏州参观旅游的外国朋友。谁知道，杨明义的一番苦心在20多年前是被认为“很不好

的”。有人在过后曾调侃杨明义说，此举具有很浓烈的“贿赂味道”。事情在当时也确实“搞得很严重”，当杨明义走进那位翻译家中，说明来意后，当时就让那人手足无措。隔天这位翻译一上班就向其单位苏州外事组的领导，从头到尾、原原本本地汇报了杨明义上门的前前后后……

吉人自有天相。就在杨明义回家等待外事部门的最后消息的同时，苏州外事部门竟破天荒地为版画研究会开设画廊一事开了个党委会。经研究，党委会最后作出了这样一个决定：杨明义送上门的“一斤大白兔奶糖价钱太贵，且有‘糖衣炮弹’之嫌，退还；费新我写、杨明义画的一柄折扇是用毛笔在纸上写写画画的，属日用品，可以收下。”同时，为推介、传播苏州民间艺术、展示苏州文化，同意杨明义等人组织的苏州版画研究会，以单位名义在涉外旅游名胜古迹——网师园内向外国朋友进行介绍、推荐版画。

得知这一消息，杨明义长长地舒了一口气，他的苦心和努力没有白费。现在往事重谈，倒让杨明义感叹当时那位干部的清正来了，“现在的社会风气在有些地方真是不如以前。”

“不管怎样，终于我们的新生儿——‘苏州版画廊’在网师园的一间幽雅的厅堂里展出了，更不易的是我们获得了苏州市外事组领导的理解和合作，旅游团的带队陪同和翻译，也被许可带领访问苏州的国际友人来版画廊参观、欣赏、选购，不少外宾买下了我们的作品，把我们创作的具有苏州水乡情韵的水印版画作品带出了国门，走向了世界。”

80年代初杨明义在苏州博物馆远香楼内创作水印版画作品

80年代杨明义的父亲杨正冠（左）任“苏州版画廊”的经理，主管经营设在网师园内“苏州版画廊”的业务，右为版画家李平凡

当时杨明义的父亲杨正冠，因为擅长英语，也被杨明义“捉差”到画廊当翻译、作介绍。

杨正冠一则是为支持自己儿子的事业，二则是为推介民族、民间艺术，宣传苏州的水乡园林，也就心甘情愿地为版画廊贡献他的特长。

在《苏州市志》里记载杨明义等人创办的这个小小的版画廊时，有这样的文字：

先后接待过比利时王国、英国大英博物馆、日本东京艺术大学、大阪艺术大学等代表团；美国前总统卡特、日本画家丸木位里等都参观过。老画家叶浅予1985年为版画廊题词：“苏州第一家画廊，开风气之先”。

那时周思聪还找到杨明义，让他一起陪同日本著名画家赤松俊子访问过版画廊。其实，那是新中国大陆第一家版画廊。这之后，在苏州南林饭店、苏州饭店及友谊商店等处也设立了版画廊。由杨明义他们创作的作品主要把传统吴门画派、明清吴中版画和桃花坞木刻年画以及现代版画的技法有机结合起来，丰富了版画的表现力，逐步形成以江南水乡新面貌为特点的苏州水印木刻，既有刀味、水味和对比强烈的艺术效果，又有水墨淋漓、色彩清新绚丽的意境。

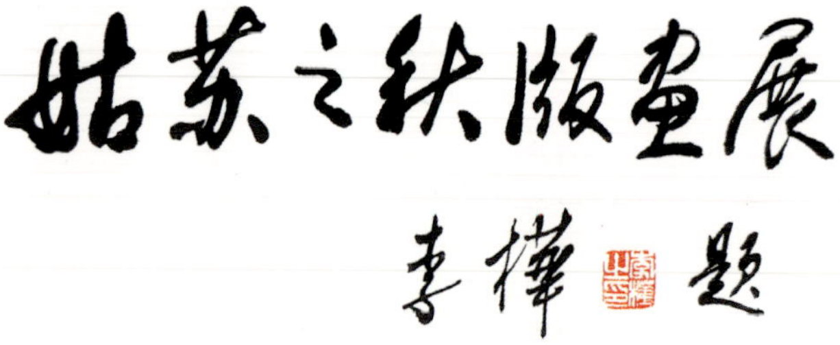

中国版画家协会主席李桦为首届“姑苏之秋版画展”题字

在古典名园网师园里的“第一家”版画廊，第一张被卖掉的就是杨明义的水印木刻作品——《月夜过盘门》。杨明义说：“第一张就卖了120元钱，不容易啊。”接着其他人的作品也相继被外国游客选购。杨明义的水乡古城题材作品，在那时就已经被不少来苏州旅游的外国人看好、收藏。应该说，这时候的杨明义在这一领域已是“负有盛名”，作品经常在国际上展览，获得了很大影响，日本艺术界甚至赞誉杨明义为“中国新进的版画家”。

一直都关心苏州版画事业的中国美术界领导华君武和杨明义有着20多年的交往。“给我印象最深的是他对人的严格和对中国画艺术创新上的竭力提倡，对我的金玉良言将铭刻在我的心中。”苏州版画活动开展得生龙活虎，影响很大，华君武多次正面予以表扬、鼓励。“但在给我的许多信上却一直告诫和提醒我，如：‘明义同志你还年轻，记住在任何时间都不要忘本，不要像温度计一样变化，1984、6、1灯下’；‘……你很能干，要注意团结人，当然不是无原则的，1985、1、21’；‘听说你们的画销路不错，如此则更要注意质量，1986、2、15’。”

杨明义聆听着前辈的教诲，他保持着清醒的头脑。

也就在杨明义他们这一群“道中人”为版画廊的成功开办而欢欣鼓舞的时候，却有受阴暗心理驱使的人，举报杨明义有“经济问题”。一天，两位不速之客来到杨明义家，神情严肃地自我介绍：她们是市委工作人员，受组织委派来和杨明义“谈谈”。虽然谈话过程中，来人表示她们已从有关方面调查取证，认为杨明义“经济方面绝对没有问题”，并最后对杨明义说：“你可以大胆工作”。既然“绝对没有问题、可以大胆工作”，为什么还上门来谈话？“现在想起来那些居心叵测的人，我还是不可思议。”毕竟这个版画廊不是杨明义个人开的个体户，它是单位集体向外展示苏州版画艺术的一个窗口。现为苏州版画院院长的潘裕钰其时也是那版画研究会的一员，他回忆说：“杨明义当时是版画研究会的会长，但他对版画廊和研究会进出的费用从不过手，那是有专人负责的。”

也许，对一般人而言那两位女同志的一番谈话给人的刺痛或许会转化为愤怒和报复，但心胸坦荡、行事大度的杨明义没有深究那些事和那些人，虽然他心里委屈着，憋闷着，

1974年杨明义创作的木刻作品《添新仓》参加了在北京举行的全国美展

1972年杨明义在创作版画作品

可他依旧埋头在自己的艺术创作中，不管那一抹飘来的阴影。

有了版画廊的成绩，加之“苏州版画展”又多次去其他省市展出交流。在这个基础上，“我们版画研究会商议，我们既可以把作品送出去展览，那也可以邀请国内外优秀的版画家作品来苏州展出，请当今著名版画家来讲学。”经反复研究，决定举办一年一度的“姑苏之秋”版画展。1982年，在杨明义的首倡和奔波下，首届“姑苏之秋”版画展开幕了。当时，人民美术出版社的著名版画家李平凡先生应杨明义的诚恳邀请，专程到苏州主持开幕式。这是古城苏州第一次由民间创作团体——苏州版画艺术研究会，依靠自己筹集经费主办的全国性版画展览和学术活动，也是“文化大革命”之后，在改革开放春风沐浴下的一件新鲜事。

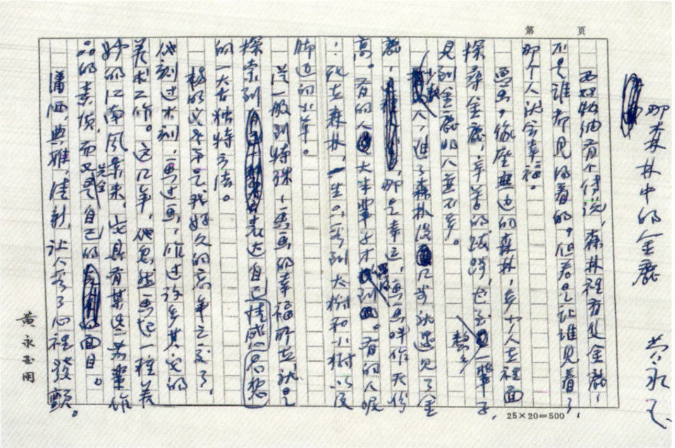
那森林中的金鹿
黄永玉
黄永玉用

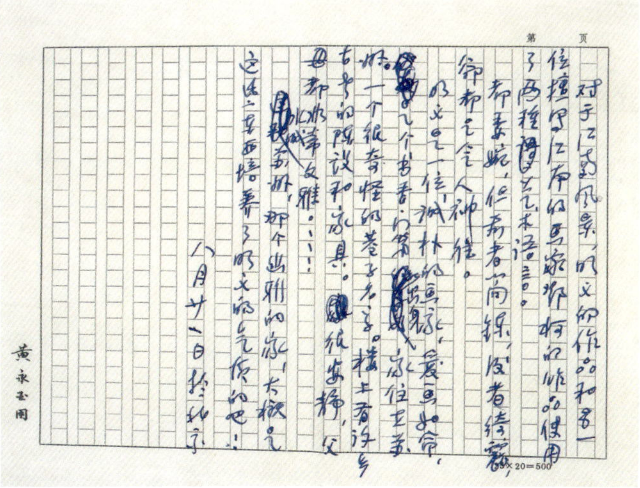
八月廿一日於北京
黄永玉用

黄永玉为杨明义撰文《那森林中的金鹿》此为手稿

“杨明义成了第二任‘领头羊’，在他的倡议和大家的支持下，苏州开始了“姑苏之秋”版画展。那是征集国内著名版画家和苏州版画家在苏州联袂展出新作，从1982年11月2日到1986年11月17日，每年秋季举行一次，盛况空前。中国版画家协会主席李桦和古元、彦涵等20多位著名新老版画家云集苏州，为苏州版画创作鼓劲。”段东战回想起20世纪80年代苏州版画创作的热烈气氛，不无感慨。的确，曾是苏州文联老领导的段东战，对苏州群众性的版画事业发展，和苏州成立苏州版画艺术研究会一直是很支持的。

以后，一年举办一次的主题版画展也引起全国版画界的广泛关注，许多国内外著名版画家都曾被邀请来苏州讲学、交流、展览，促进了苏州艺术活动的发展，也得到了中国美协、版协的高度重视和赞扬。就这样，杨明义他们这个苏州版画艺术研究会连续举办了“全国著名版画作品展”、“全国优秀中青年版画家作品展”、“日本版画家作品展”、“全国水印木刻邀请展”等一系列展览，给苏州群众和爱好艺术的人们送来了一道道艺术“大餐”。期间所有的活动也一直得到了苏州市政府、苏州文化局、苏州文联等单位、领导的大力支持，展览也受到了艺术界和群众的赞扬。

杨明义在他后来的回忆文章中还写道：“回忆起那段激情的日子，总会想起那些和我一起努力为苏州版画事业奋斗的同道弟兄们，以及现在还继续活跃在版画界中的青年朋友们。”

《苏州市志》中对“姑苏之秋”版画展是这样记述的：

从1982年起，每年举办“姑苏之秋”版画展。中国版画家协会主席李桦来苏州参加首届版画展开

1982年开始由苏州版画艺术研究会创办了首届“姑苏之秋版画展”邀请全国各地版画名家来苏州展览和进行学术性的艺术研讨活动

1978年杨明义（左）与费新我（左二）同游三峡

幕式。1983年第二届版画展著名版画家古元应邀来苏州。1984年第三届版画展由市版画研究会和人民美术出版社联合主办。1985年第四届版画展邀请展出全国各地水印木刻作品。中国版协副主席彦涵专程来苏州，苏、浙、沪、豫、赣、京、皖等地版画家云集苏州。“姑苏之秋”越来越成为全国版画界的盛会之一。

杨明义回忆说：“每次搞活动我们大家都分好工，努力把工作做得井井有条，苏州新苏丝织厂、苏州湖笔厂、苏州姜思序堂颜料厂那时候还为展会提供了许多礼品，成为我们那时候‘最卖力’的支持者。有一年，我还请书法家费新我书写了几十把扇面作为赠给参展作者最珍贵的礼品。”苏州国画院的同仁们也就成了当时每次活动的积极分子。

被杨明义请动写了不少扇面的书法家费新我，还在杨明义美校学习时，就曾告诫过杨明义：一定要警惕自己不要流于世俗的风格潮流，苏州许多画家埋在工艺美术中太久，画风世俗的不乏其人，当那俗气一成风格就改也难了，你要吸取教训啊！

费新我虽以书法著名，却有冷静的头脑和敏锐的眼光，在较早时候就点出了苏州画坛的一些陋习，他的关照对那时正值青春年少的杨明义而言，可谓金玉良言，也让杨明义至今一直保持着清醒的头脑。

除了费新我，陆文夫、瓦翁、张辛稼、吴敉木等人也伸出了帮助版画活动开展的热情双手。当时，全国各美术期刊因苏州版画搞得红红火火，都纷纷发表介绍苏州版画成绩斐然的通讯、报道，杨明义还特地邀请陆文夫撰文，陆文夫的那篇《读吴门版画有感》发表在上海《版画艺术》刊物上，文章还大力颂扬苏州版画人才济济，他写道：

我不知道当年的吴门画派到底有多少人，当今的吴门版画家之多却令人振奋。

杨明义、潘裕钰、沈民义、周伟明、徐伟民、褚铭、劳思、周兴华、徐汉章、陈设、杨明锐、张晓飞、顾志军、孙志良、吴鸿彰、王志艺、王祖德、翁承豪、江淳、郑源邈、瞿志明、吴放、顾文熹、段文海、管牧、刘素瑛……

显然，陆文夫的文章引起了更多的人关注苏州版画的发展，关注他所提到的这些版画家的发展。

周庄的伯乐

我们再也不会沉浸在
这段酸甜的过去的时光里；
爱情的光圈那时罩在
你，亲爱的，和我中间。
再也找不到当初
让我们紧紧相依的地方，
当时看见我们相爱
相聚的地方已经空空荡荡。

——哈代

杨明义的心中只有他的画，他的艺术。2002年5月，杨明义在接受一位记者采访时，他坦陈自己对绘画艺术的看法：绘画是一种高级艺术形式，是生命信息的记载，对人的感情、意志、思想、品格都无不起着激励、启示、陶冶和滋补作用，即便是不具生命形式的山水天地，它们也是生命赖以生存的环境条件，它的运动同样传递着生命的信息，成为人们精神生命的养料。

杨明义把绘画当作了他自己生命的一部分，他是那样珍视。每一处吸引他、能让他心颤动的景、情、物他都不轻易放过。生活中他见到一位让常人熟视无睹的电话亭擦洗工人，只因他工作得细致、勤恳，竟也会让杨明义发自内心地感动，他在自己的博客上还特地写上了一段所思所感，杨明义说，那是一种敬业，他觉得自己需要学习。一个艺术家能够把自己的身份下降到与一位清洁工同等位置，平视。这在等级观念和封建思想根深蒂固的中国，多么不容易啊！

的确，杨明义的眼光、视角与众不同，这是他的恩师吴敉木早就说过的。一个真正的画家，不仅应该是一位抒情诗人，更应该是大自然的发现者和探掘者，是一位哲学家。

20多年前，已经在苏州国画院工作的杨明义，偶尔去博物馆玩，看见办公室一张旧桌子的玻璃板下面压着一张很小、发了黄的黑白照片，那上面的景象让杨明义眼睛一亮，他喜欢那个地方，他敏锐地感觉那是一处美丽、典型的江南水乡之地。他想把照片拿下但已经粘住了，杨明义不忍将照片撕坏，赶紧拿出速写本将照片上的景色画了下来。后来经过多方打听，杨明义知道“那景色似乎是在昆山附近的一个小乡镇”。于是，杨明义为寻找更好的创作新素材，他问清楚了线路走向，带上画具，“搭上一个小火轮，晨发午至，原来那四面环水的小镇名叫周庄，因交通不便，旧时的建筑保存相当不错。”当乘舟寻访到这片土地，杨明义被这里的古老、质朴、宁静而含蓄的美所吸引，这镇子虽显

2002年杨明义重游周庄

2002年中央电视台十套“讲述”栏目播放杨明义《发现周庄》的专题片

1999年杨明义和陈逸飞在江南周庄等地水乡小镇写生时的留影

得空旷，但那清末民初时的江南遗风古朴宜人，移步成趣。“那种幽渺的气氛是别的水乡小镇所不能体会得到的，我兴奋极了。”几天后，杨明义带回了许多速写，还有很多黑白照片。杨明义开始创作以周庄为素材的水墨画和版画。

与此同时，杨明义把这一发现先后写信介绍给了吴冠中、华君武、郁风、李桦、古元、陈逸飞等人，又是吴敫木的那句话：“杨明义是蛮有眼光的，让他看中的东西或人总是不错的。” 吴冠中、华君武、陈逸飞等人都很相信杨明义的眼光，分别先后来到了周庄。

那时在上海的、杨明义大娘舅吴赞廷的儿子吴健，比杨明义大一岁，从小和杨明义一起画画，志同道合。在20世纪60年代末，表哥吴健在信中常常会向杨明义提到“陈逸飞”这个名字。

杨明义回忆说：“‘文化大革命’中，我们都从事革命宣传画的创作，当时他在上海已经很有名气了，与夏葆元、魏景山在上海美术界齐名。我那时寒暑假都要去舅舅家玩，舅舅的大儿子吴健和陈逸飞很熟，我也就跟他慢慢熟了。”

1970年冬，吴健陪杨明义去了一次上海油雕室，也就是那次，杨明义见到了久闻其名的陈逸飞。听完吴健的简短介绍，“苏州来的，苏州人，画中国画的杨明义。”陈逸飞马上学着用苏州话的腔调讲着。那时杨明义眼中的陈逸飞戴着眼镜，身着中山装，一副学生腔。“我们聊艺术，聊创作主题，一下子彼此都感到很亲切。以后，我只要有机会到上海，总不忘去看逸飞。有一次，我问他：你喜不喜欢画风景写生？他答道：‘画得少，上海也没有什么风景可画。’那你有机会来苏州，我们可一起去太湖水乡看看。”

一个星期六，陈逸飞和吴健一起来到了苏州。在杨明义马医科家的小楼上，三位志同道合的年轻人畅谈艺术，说到风景写生，兴致颇高。“说着风就扯蓬”的杨明义立刻和吴健、陈逸飞约定当天下午就一起赶到木渎镇，先到杨明义的姨母家落脚……

晚上，“我们仨人并肩睡在旧屋一张红木大床上。夜深了，三个人还在不停地聊着彼此的爱好和对未来的憧憬，不知不觉到了天明。”

第二天，杨明义他们一大早就起床，冒着飞舞的大雪爬到了灵岩山顶。望着白茫茫的大地，辽阔的太湖，还有那纵横的河流，杨明义激动地说：“多美，我们能一起合影多好。”可是那时哪有照相机啊？相隔20多年后，陈逸飞每次和杨明义聊天都会回忆起那次的苏州之游，他说他永远不会忘记在木渎的那个温馨夜晚。

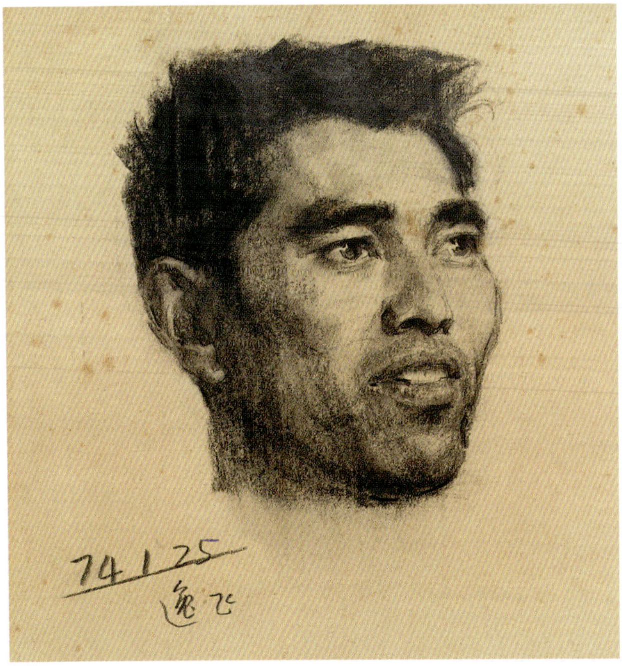

1974年陈逸飞为杨明义写生的素描肖像

1980年，陈逸飞成为“文革”后我国第一批去美国的自费留学生。他在一次给正在北京中央美院进修的杨明义的信中说，自己正在为美国一家杂志社画中国风景插图。他问杨明义除了长城、天坛、颐和园，还可以画些什么？杨明义建议他何不画画有“东方威尼斯”之称的江南水乡，于是他连忙回信要杨明义把水乡风景照片资料寄给他。而在异国的陈逸飞则根据杨明义给他寄上的那些黑白照片资料，创作了不少油画作品。“在纽约，陈逸飞的水乡油画开始打动了西方的收藏家，得到了他们的赞赏。”

1982年放暑假前，已在美国的陈逸飞来信告诉杨明义，他正为自己在哈默画廊的第一次画展做准备，想请杨明义待他旅欧后回国，再陪着去水乡收集创作素材。

陈逸飞到苏州时正是盛夏，钻进没有空调的、蒸笼般的出租车，杨明义就带着陈逸飞去苏州近郊的水乡拍照，收集创作素材，两三天下来，他们跑遍了市郊的水乡点，陈逸飞问杨明义还有什么好地方值得去。“我想了一下说，还有个叫周庄的小镇，但是交通不便，乘船去要半天时间。逸飞说，那就包条船去。这样我们就在南门轮船码头包了艘机帆船，直接去了周庄。”

周庄水乡完整淳朴又不失典雅的美，真真切切地打动了陈逸飞。陈逸飞在镇上兜了一圈，嫌视点不够高，于是他们找到当时周庄惟一的二层水泥新建筑——周庄邮局。借了一张木梯，攀住楼板，穿过天花板的预留空洞，爬上了邮局的屋顶，站直身躯，他们俯视着西边的贞丰桥和沿河的古老建筑……

渐渐地天色昏暗，杨明义和陈逸飞只得暂歇于一家旅店，这是小镇上惟一挂满周庄画家——曾是黄宾虹入室弟子的许南湖作品的旅店。那时的房价只要5 毛钱！这是杨明义和陈逸飞又一次为了艺术而在外一同夜宿。

一宵已过，他们俩又起了个大早，清晨，他们在镇上拍了不少曙光初照的水乡镜头，晨光中的沿河建筑映在晃动的河水中，陈逸飞情不自禁对杨明义说道：“我真想把这条水巷买下来。”

回到美国后的陈逸飞，经过一年多的辛勤创作，在纽约曼哈顿57街上的哈默画廊举办了以水乡作品为主题的画展。但直至开幕前夕，陈逸飞才刚刚完成以周庄双桥为主题的《故乡的回忆》一画，陈逸飞

1985年5月杨明义陪同吴冠中夫妇赴周庄写生

1982年陈逸飞（右）自美留学返国由杨明义（中），陪同去周庄写生。此在去周庄前的合影，左为吴健

1982年杨明义和陈逸飞在上海

当时还对杨明义说，他那幅画可算是“临时抱佛脚”。但没有人会想到那幅油色还没有干透、仓促上阵的油画，会铸成画坛上和国与国之间的佳话，因为就在这次画展上美国石油大王哈默博士一眼看中并买下了那幅《故乡的回忆》。

1984年，哈默博士访华来到了北京，将他买下的那幅油画作为拜会邓小平的珍贵礼物。一位政界，一位商界两位东西方大人物手中传递的那一幅中国人画的水乡油画——《故乡的回忆》，经过众多媒体的广泛宣传，水乡周庄一夜之间名扬天下了。“中国第一水乡周庄”也就堂而皇之地成了这座近900多年小镇的旗帜。

1985年5月，吴冠中和夫人也欣然接受杨明义的邀请来到苏州，在杨明义的陪同下赴周庄写生，十几天的行程，周庄给吴冠中提供了不少素材和灵感，他后来的几张重要水乡题材作品，其主题大多来自周庄。面对如诗如画的周庄风光，吴冠中曾动情地说：“我这个江南人，难忘乡情，过去我向画家们推荐甪直、朱家角、柯桥和乌镇，现在来到周庄，比之四镇虽有不少似曾相识的风貌，但这里更完整、更多样，这是我难以忘怀的地方。如果说黄山集中国山川之美，周庄可算集中国水乡之美。”

但当时周庄生活条件很差，那里的人们虽然很质朴，但思想却也有点落后。当杨明义第一次踏上周庄的土地，午后阳光慵懒照耀着这一片古老安静的土地。在镇文化馆里，一个将双手交叉放在袖管的人，正在看报，他见杨明义对这里的一切好像有着留恋不已的神情，颇不以为然。

那位晒太阳、看报的人，就是时为周庄文化站站长、后为周庄镇长、现为上海同济大学客座教授的庄春地。他说：“杨明义老师是最早到我们周庄的艺术家，曾对我说周庄每个角度都是美的，但我当时没有这个意识，老百姓也没有这个意识，只觉得很落后，很封闭、破落的。”

那时候，经济不宽裕的一些周庄人为了改变自己的经济状况，开始在石桥上搭建铁皮房子，做铺面，发展商业，吴冠中和杨明义见了心里很不是滋味。吴冠中说：“这条河如一条碧玉带，现却被一截两段。”回苏州后吴冠中就撰写了《周庄眼中钉》一文，当时整个社会还没有深层次地认识到环境发展的概念，文章寄到《新民晚报》却被退了回来，后来吴冠中将稿子又寄给了《中国旅游报》，总算《中国旅游报》上发表了吴冠中的这篇文章，吴冠中将报纸寄给杨明义。对周庄情有独钟的杨明义，认真地看完文章并将报纸又转寄给昆山的领导，呼吁保护古镇风貌，并在信中恳切地希望："我曾经多次陪外地画家去贵县周庄写生访问，画家们普遍对周庄这古老水巷小镇备加赞美，并希望得到很好地保护。这次全国政协委员、著名画家吴冠中在周庄写生十多天，对保护古镇提出了不少意见，现把他发表的《周庄眼中钉》一文寄上，请你们对周庄的发展给予关注。"时任昆山县委书记蔡长林在收到杨明义的信后就批示：请办公室把此信与《中国旅游报》的附件一起翻印给周庄乡党委和政府阅读议处。

未几，桥上的铁皮棚棚很快便拆掉了，古镇开始保护起来……这样的事情杨明义还做过很多。后来，去周庄的第一个美国人、日本人均是杨明义带去的。

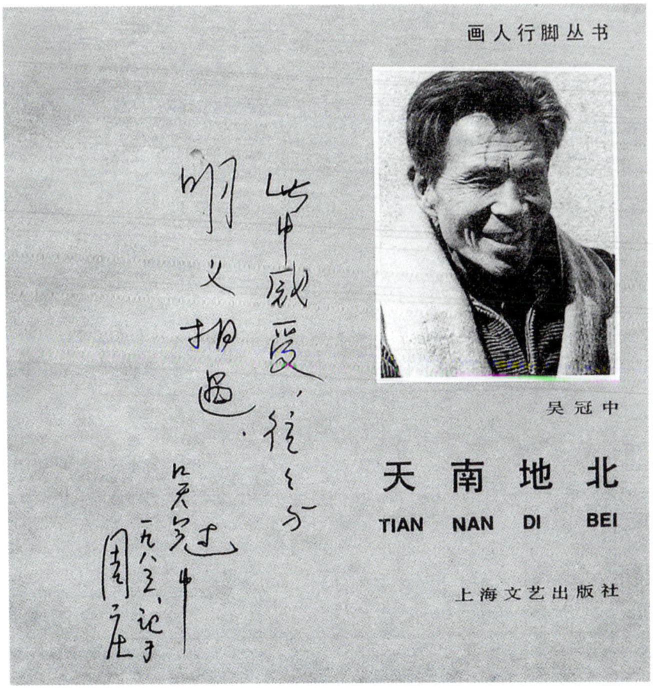

1985年杨明义陪同吴冠中去周庄写生，吴冠中把他新出版的散文集赠给杨明义并在扉页上题字

周庄位于苏州东南38公里，旧名贞丰里，北宋元祐元年（1086）周迪公郎舍庄田13公顷，建全福寺遂得今名。元末富商沈万三迁居此地，始形成集镇。至明清人口渐增，商业繁荣起来，成为江南名镇。周庄，这座走过了900多年风霜雨雪的江南水乡，宛如一颗璀璨的明珠镶嵌在淀山湖畔。

周庄的出名，陈逸飞是当仁不让的，周庄人感谢陈逸飞。但周庄的发现，杨明义是功不可没的，杨明义也因此被评论界称为"发现周庄第一人"。

如果说周庄的恩人是陈逸飞，那么称杨明义为周庄的伯乐是当之无愧的，是他率先为周庄打开了一扇窗户，让世人一睹这藏于深闺少女的风雅姿容。但以后再去周庄写生，杨明义又多次流露出对水乡过分商业化造成不良后果的担忧。杨明义甚至心里总有那么点遗憾和懊悔："我万万没有想到周庄会这么快变成现在这个样子啊！那原本如一个无人知晓的清丽脱俗少女，一下子成了穿红戴绿的富贵妇人了。"披在杨明义肩上的长发无奈地抖动着。

2007年10月19日，周庄与世界著名画家达芬奇的故乡意大利达芬奇镇结成友好镇。也是在那天，周庄正式建成画家村，以吸引更多的画家来周庄创作。画家村位于周庄古镇东侧，占地300亩，周边已建成和运营多个休闲度假项目，江南田园式生态环境让入驻艺术家的创作和生活环境耳目一新。目前，画家村一期已经吸引了美国、日本、英国、澳大利亚、香港和全国各地一百多位优秀原创画家和经纪商签约。

其时，杨明义应邀参加周庄画家村活动，并获得由周庄镇人民政府颁发的"荣誉镇民"证牌。此前，周庄镇的党委书记屈玲妮还专程进京，两度向杨明义征求有关建设文化周庄的良策，诚恳地对杨明义说："感谢你为我们周庄做了不少事，你是走进周庄的第一个画家，周庄人永远记得你对周庄的贡献。你是我们周庄的'荣誉镇民'，我们还将向你颁发'走进周庄第一人'的证书。"周庄的旅游是从已故画家陈逸飞的油画《双桥》开始的，而点亮陈逸飞创作灵感的是杨明义。

1978年杨明义创作的中国画《水乡节日》在写生收集创作素材的过程中发现了保存完好的“周庄”水乡古镇

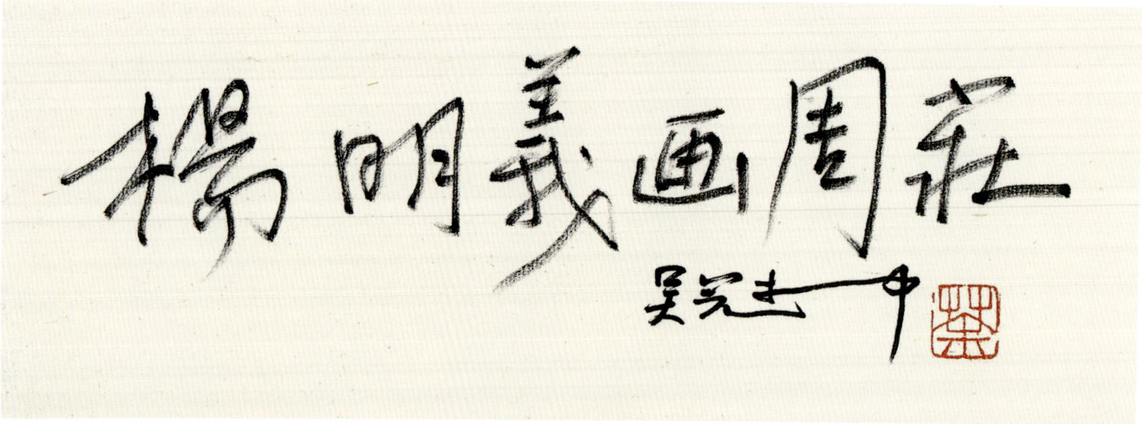

2000年吴冠中为在香港“一画廊”举办的“杨明义画周庄”画展题字

杨明义1999年创作的水墨画《周庄春雨》

1981年杨明义创作的水印版画《双桥秋雨》

1978年杨明义去周庄写生后创作的水印木刻《小巷深处》后被选为陆文夫小说的插图

用最真的心从艺交友

我爱你，
不过因为你为我而做的事，
还因为，
为了你，
我能做成的事。
我爱你，
因为你能唤出，
我最真的那部分。
——罗伊·克里夫特

还是少年时期的杨明义，在他对绘画有着憧憬却又懵懂的时候，他那工作在上海的大娘舅吴赞廷就很关心支持这个外甥对绘画的喜好。“我七岁到上海开始和大娘舅的儿子吴健一起学习画画，大娘舅就很支持的，为我们俩买了学画的书和画画的工具、材料。”等杨明义读初中时，吴赞廷就又每月从上海给苏州的杨明义寄绘画杂志，直到杨明义旅居国外时，他还不断把国内的有关美术方面的杂志和剪报寄给杨明义。“还亲笔写了许多鼓励我努力学习的信件。”宽厚、仁慈、乐以助人的吴赞廷，在他1995年8月22辞世后，这位“中国民主建国会全国优秀会员”的讣告里，被称作“是中国共产党的一位挚友”。

一直支持杨明义走上艺术道路他的舅父吴赞廷在上海市九届人代会上

其实，吴赞廷早年在苏南工专时，就与许多名流前辈有过交谊，如陈从周、周玉麟等。“那时大娘舅有机会接触许多科技工作者，他不仅和有关纺织方面的专家打交道，也和民主人士、画家和学者有交往，他有心想介绍我拜程十发为师，但那时苏州工艺美专已经给我安排了老师，所以未能如愿。”虽然杨明义没有正式拜程十发为师，但这位寓居沪上的名家却让杨明义心仪久之。

20世纪50年代后期，程十发的彩墨连环画《姑娘和八哥鸟》、《召树屯》、《神笔马良》等等，还有为《儒林外史》作的白描插图都让杨明义佩服得不得了。“我忍不住写了一封信，叙述自己如何地崇拜他，如何地用功临摹他的作品，还工整地将信反复誊了好多次。”信是寄给当时在上海人民美术出版社工作的程十发本人的，信寄出后，杨明义就每天期待，但好几个月过去了，一直杳无音讯，“我彻底失望了。”

但时间到了70年代初，杨明义开始创作水印木刻时，也尝试画了些水墨画，有的作品被发表和到外地展出。一个偶然的机会，一天一位朋友来苏州见到杨明义时，对他说：“程十发谈起过苏州有个杨明义画得不错，说以后有机会要请他来玩。”杨明义不敢相信这是真的。兴奋过后，杨明义决定要“信以为真”地登门拜访这位他心仪已久的画家了。问清地址，带上自己的画稿，“我到了上海延庆路程先生家。”一见面，杨明义就先提到自己初中时曾写信的事，程十发一脸茫然：“真的没有收到过，否则一定要回信的”。两人谈艺论文，兴致勃勃，就这样程十发和杨明义之间有了一种亦师亦友的情分。

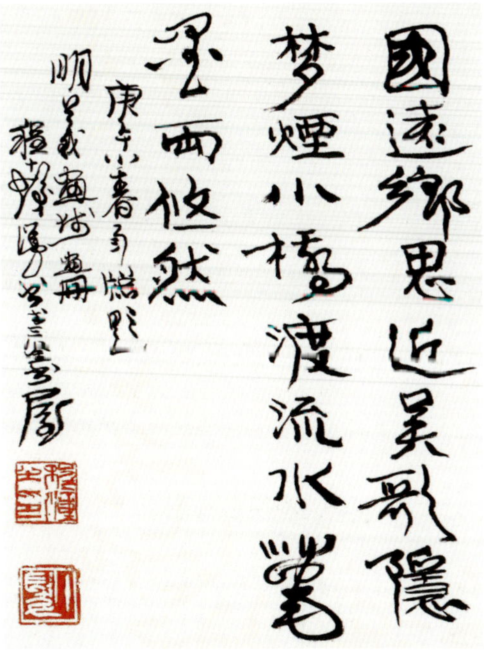

1990年程十发为香港出版的《家乡梦境》——杨明义画集题诗

许多年后，杨明义从程十发儿子程助口中得知，他的父亲曾要他临摹过杨明义的画，说杨明义的画有自己的风格，可见程十发较早时候就很关注并首肯杨明义的作品了。当杨明义去国经年，创作了许多有关家乡的乡土作品后，有位香港友人欲出版杨明义一本名为《家乡梦境》的画集时，程十发知道后马上题词，还作了一首他自以为很有唐诗风味的诗：“国远思乡近，吴歌隐梦烟。小桥渡流水，笔墨两悠然。”这位20世纪50年代就名扬艺坛的绘画大师还写了封信，其间称赞并善意地提醒杨明义：老兄笔墨不凡，写景精致，尚是现实主义范畴，希望注意笔墨，前途无量矣……

1999年程十发为杨明义创作的《明义画荷》题字

沈从文，只一本《中国古代服饰研究》就教人在他逝后，重新翻开阅读时，大呼：这人真是大家。

粉碎“四人帮”后那年的一个冬日，朋友告诉杨明义沈从文又来苏州了，因为1958年，沈从文到那所杨明义就读的工艺美专参观时，杨明义正好外出写生，回来他听同学讲了，一直很遗憾没有碰见。这次得到消息，仰慕沈从文的杨明义当然要去他九如巷小舅子张寰和家问候一番的。“沈老笑嘻嘻的，个子矮矮的，带着深度的近视眼镜，他一见面就说：‘快，外面冷，快进来。’”也因着沈从文和黄永玉的关系，杨明义在沈从文的眼里也更加亲近。

“我第一次和沈老见面就聊了不少。沈老随手拉开他写字台左边的抽屉，大约有几十块青花碎瓷片平放在其内，再仔细拿起一看，每块瓷片的背面沈老均用蝇头小楷写下了瓷片的年代、风格。这密密麻

2001年程十发观赏杨明义画作的出版物

2006年杨明义父子拜访程十发先生（前）和程十发公子程助（后中）

麻的小字，真不敢相信是他带着深度近视眼镜写出来的，说这些都是昨天他们去虎丘，在塔下的废墟砖瓦堆里捡回的。他接着说：‘这里到处可以发现好东西，你只要花些功夫下去，一定能学到不少知识的。’”

在此之后，沈从文张兆和夫妇又暂借苏州道前街一处小楼居住，杨明义也常去拜望。时值寒冬腊月，滴水成冰，桌上放着一只小的用废铁罐制成的火油炉，这是杨明义看见沈从文用来取暖烘手的工具。“我去看望他们时，沈老总在写字，说是借写字来暖手。”杨明义至今珍藏了几张沈从文当时写的书法，最后落款大多有“苏州严寒练字暖手”的句子。

那时，杨明义去拜望沈从文时，还特地用大口保温瓶买了刚出笼的小笼包子去。“待见到他们捧着暖瓶，吃着热气腾腾的小笼包子时，似乎彼此的心也随着暖和起来。‘四人帮’彻底垮台了，大家的心情有着说不出的舒畅，讲话也随便多了。我邀请沈老来我家玩。没多久他就来了，来的那天天气很暖和，路上沈老兴致很好，给我讲了他以往不少故事：在青岛大学时，江青做过他的学生；1952年毛主席还请过他吃饭；解放后上面有人请沈出来做中国作协主席，但他没有同意。他摇着头说，如果他做了，那‘文革’中老舍自杀的下场即会换上他了。”

在杨明义的“近日楼”里，沈从文看了他不少画作，尤其对杨明义在黄山画的工笔写生特别有兴趣，“指着其中一张问我以前是否临过宋画，宋画的严谨在这张画中可以看出来。他又讲了许多故宫里收藏的宋画特点，要我再深入研究。对历史绘画中人物的服饰、器具、风格、特点也介绍了许多，并说许多流传的古画是假的，因为画中的服饰、器具式样不是这个时代的，不用看画的风格即可知道年代有问题了。他那些研究得来的论证让人心服口服，也让我领会了好长一阵子。”

被誉为“握笔的巨人”的沈从文，终于在1989年去世了。但杨明义在以后的日子里还经常去北京看望他的夫人张兆和。杨明义回忆说：“这位热情慈祥的老人那时80多岁了还亲自下厨炒菜给我吃，每次会送我许多新出版的沈老著作，随作家代表团来苏州访问时，还特地乘了三轮车到我‘近日楼’内小坐呢。”

杨明义是幸福的，因为他用他的真诚换来的也是真诚。

杨明义身上的确有着常人所没有的“结缘”本领，连现在的清华大学教授陈丹青也不得不佩服：“我也不知道他有哪种法术，总能赢得前辈名师的忘年交，而他并不是精善阿谀、交友势利的人，因他与平辈也诚恳。”

沈从文夫人张兆和来苏州近日楼小坐

1980年杨明义在北京中央美院进修时和陈丹青夫妻的合影

1974年初，还在干校劳动的杨明义接到陈逸飞从上海写来的一封信，信上说一个在江西插队的上海知青陈丹青画画极好，但现在处境很困难，想托杨明义找些关系把陈丹青弄到苏州郊区乡下插队，这样总比江西离上海近点。杨明义当即回信，请那个叫陈丹青的知青下月等他回到苏州见个面，共同商量一下办法。

如约而至的陈丹青一到苏州马医科杨家，刚踏上楼板见着比他大10岁的杨明义就口口声声"明义老师"，这一称呼竟在他当了堂堂清华大学教授之后也没有改变。杨明义清晰记得："他带来一大包画，一看他的画，使我和一些比他年龄大得多的同道都激动起来，都自叹弗如。什么叫才华横溢，他就是。"现在杨明义还说："我虽然比陈丹青大10岁，但我还是从心底佩服他，他的画画得那么好，实在佩服。"杨明义是有眼睛的，也是尊重、爱惜有才学的人的。

杨明义开始为陈丹青奔忙起来了，他利用农村三级干部到苏州开会的机会，向他们竭力推荐，争取申请陈丹青来苏州地区插队。杨明义将陈丹青的画陈列在休息室里，"将画就靠在椅子上"一一给开会的乡村干部看，但没有"识货"的人。杨明义又跑市文化局请朋友向局长推荐，但未有结果。"我又把他的一些作品照片放大寄给外地朋友，再直接介绍丹青去南艺美术系找阿西老师，同时还给亚明老师写信，希望大家一起帮助丹青找到他迁移到江苏来的路。"

在等待"托关系、走后门"的日子里，陈丹青只好耽搁在杨家，就在陈丹青刚到杨明义家的那天晚上，"明义老师就指着前厅新添的床铺说，你就歇在这里……" 陈丹青说："两个素不相识的人，因为喜欢画画，便这样坐在灯下……"后来陈丹青才知道，那时的杨明义是被下放乡下劳动，是为了他陈丹青"才特意请了假迎我"的。

杨明义没有白忙乎，陈丹青的才华和作品总算震动了南艺美术系，又在亚明和一些热心朋友的鼎力帮助下，陈丹青终于如愿以偿地把户口迁到了靠近南京、长江以北的江浦乡下插队。"后来'文化大革命'一结束，丹青就以极优异的成绩考取了中央美院油画系研究班，在毕业时，他又以一套油画《西藏组画》和见解独特、生动别致的毕业论文再次显示了他在艺术上的不凡才华……丹青的才能是埋没不了的，老天对每个人都是公平的，我相信这一点……"现今，再说到这位中国现今赫赫有名的艺术家、教育家、思想家，杨明义还是用极尊重的语气，丝毫没有显露他当年为陈丹青摆脱困境而奔忙的辛苦，更没有摆"老资格"的派头，"我是实在佩服陈丹青"。而陈丹青却心怀感激地认为："当年我去苏州求助，21岁的小年青，不过几笔幼稚的速写，日后的作品与虚誉，何从谈起，而他（杨明义）却实实在在地回信、奔走、接待、迎送，凭什么呢？只是喜欢看画，喜欢画画的人。"

陈丹青曾给杨明义写下"四海为家近日楼"之句，在其题跋的字里行间，饱含着对杨明义的敬重之情。

1998杨明义旅美返国后拜访亚明老师

1999杨明义陪同陈逸飞访问亚明老师

杨明义用最真的心从艺交友，从不管别人的身分贵贱，即便是一位小工艺店的店主。

赴美留学后，杨明义虽远在大洋彼岸，但对周庄仍爱之甚深，每年回国探亲，他都必去周庄。1999年10月，他再次踏上这片水乡之地，在短短的两天中，拍照、写生，他几乎把自己全部身心都溶化在水乡美景中。漫步街头，当杨明义走进一家苏绣工艺品小店时，发现自己画的《水镇周庄》、《春深》、《春到江南》等作品被加工成刺绣悬挂在店里，他感到很惊奇，店主以为是顾客光临，便主动介绍说："这是著名旅美画家杨明义先生的水墨画，我仿照原作刺绣的。"杨明义听后问店主："您和杨明义是什么关系？"店主随口应道："他是我的老师。"杨明义笑嘻嘻地说："我可从未收您作学生啊！"这时店主脸一红，低下头说："您就是杨老师，我摹仿了你的作品……"杨明义见他很有诚意，便开始亲切地攀谈起来："这些作品绣得不错，很有特色，黑瓦白墙，小桥流水，是很好的艺术品。俗话说，刺绣容易配色难，有些地方要按照画稿不同的深浅度配色。"杨明义的一番话令店主紧张的神情一下子松弛了，他诚恳地说："杨老师，您运用水墨造就了江南水乡情调，画面的空灵把人带入诗一般的境界，我会尽量用传统的不同针法绣出您作品的特色，但您不会认为这是侵权吧？"杨明义听出了店主的心思，诚挚地说："我向来有和朋友分享好东西的习惯，现在你我也应该是朋友了。"临别时，店主很感激，杨明义再次叮嘱说："艺无止境，苏绣是一门艺术，作品不能千篇一律，在周庄就要绣出水乡的特色。"

文化大革命期间，参加长江大桥栏杆图案设计工作刚结束，家庭出身不好的杨明义又被一些人"牵记"到了。上头指派他到苏北农村"省造反派"拘禁"牛鬼蛇神"的驻地去"核实和了解情况"。

起因是亚明与一位苏州书画家有幅书画合作作品，这本是书画家之间最平常不过的事了，但在那个年代，“欲加之罪，何患无辞”。 于是，一个风雪交加清晨， 4点钟杨明义就去排队，踏上了拥挤不堪的公共汽车，经过七八个小时的颠簸，又加上步行一个多小时的泥泞小路，天黑才到了目的地。“我已成了浑身泥浆的落汤鸡，省里的同志见状马上替我脱了棉袄在火上烘烤，好长时间后才使我冻僵的四肢恢复。”

也是在那种场合，杨明义见到了一长排跪在伟大领袖毛主席像前面“请罪”的“牛鬼蛇神”，其中之一就是早年参加革命、红小鬼出身、在美术界享有很高威望的画家亚明。

“带我去的人吆喝亚明起来，到隔壁房子里坦白交待罪行。”亚明一头杂乱的长发，望了杨明义一眼，对“工宣队”的提问一口承认，问到动机，答道：为了复辟资本主义。话讲到了顶，那帮人也没什么可以深究的了，只好叫亚明在自己的口供笔录上签名了事。他们又在亚明的交代后批上“亚明是死不改悔的走资派，系打倒对象，此交代仅作参考”几字，再盖了“革命组织”的大印完事。

杨明义的回忆像电影镜头，把人们拉回到那个颠倒黑白的时代，但杨明义却正是在那种危难时期和一批老艺术工作者结下了深厚友谊。“鉴于当时的政治气氛，我还不敢和亚明交谈，直等到他上厕所时，我才敢跟了进去，问：‘亚……明，你好吗？当时的情况我不敢称他为老师了。他大吃一惊，一看是我，说：‘还好，还好’。停了一会，他问我：‘你今年几岁了？’‘我快30了。’他叹了口气说：‘我要50岁了’……”

许多年之后，当杨明义每次从美国回到苏州，总会去东山拜访亚明，也引领过不少中外友人去访问他，聆听他对人生、艺术富有哲理的讲解，看他作画时的一股空灵之气跃然纸上……

亚明见到杨明义一次次去看望他，笑着说：“以后你来山庄满10次，我就送你一张画。”“其实每次去近水山庄，在亚老的周围，总会得到不少新的感受和启发，这就是我最珍贵的人生财富了。”

在亚明最后的日子里，他竟向杨明义吐出了一句：“我现在什么都不去想了，不要了，只求一个字——生。”

这是真性情啊！只有杨明义，他从师交友不为一时，而竟一世，也见证了上辈艺术家的艺历和为人。

1978年沈从文在苏州看了杨明义这张黄山排云亭前的写生作品后说：“宋人画的严谨在这张画中可以看得出来”

在纽约高楼上眺望中国艺术

我已渡过了海洋。
我已经认识了许多土地，
我见过一望无际的郊野
西方永无止境的不朽在那里完成。
我品尝过众多的词语。
我深信这就是一切
而我也再见不到再做不出新的情。
我相信我日日夜夜的贫穷与富足
与上帝和所有人的相等。
——博尔赫斯

黄永玉说，用西式的创作手段来表现纯中国式的江南，看起来似乎有些木讷，许多人认为不可能的事，但杨明义做到了。

杨明义的心身一直都沉醉在江南水乡梦里，他从小在苏州长大，长期陶醉在杏花春雨江南的小溪流水之中，即便离开故乡远赴美国求学10多年的时间里，及至从美国回来，奔波于苏州、北京两地，他还致力于继续自己半梦半醒之间的江南水乡之梦的艺术再现。在他的画笔下一切都跟水有关：桥、水牛、渔船、鸬鹚、鸭子、荷花、驳岸甚至姿态曼妙、神态娇羞的小姑娘和牵着牛的小孩；而氤氲朦胧的远山、一碧如洗的长天、袅娜的行云、张着的渔网、竖着的桅杆、翠的树、白墙壁上斑驳的青苔，一切都充满了一种恬静的淡雅和诗意，映着淡淡的乡愁。“潇洒、典雅、清新，让人看了心里发颤。” 他的画面倾向大胆的概括，在整体水墨淋漓的概括中又能突出某些形象特征，如高翘的屋脊、尖尖的船头、笔直的桅、飘逸的网……在杨明义的画中，人烟稠密的江南村镇在水气朦胧中显得分外娇俏、透明，人们还可窥见真实生活之一隅：或枕河人家、或雨中行人，亲切而不乖张……

杨明义也似乎是饮尽、参透了千年水乡的风雨和无以言表的“禅”，而任凭悠远的天籁之声伴随着自己丰沛的想像力，在阔大的宣纸上回荡。但落笔处又是那样的温婉、透明，一片江南味道呈现在每一张宣纸上。他的激情仿佛在燃烧，千转百结的思想在奔突、在碰撞、在集结……用他水墨淋漓地一撇，就是江南的山，江南的水；他物我两忘、若有神助一般，泼洒，点染，勾画，甚至倾泄……其元气淋漓的气势，直透纸背，仿佛任何力量也不能把他阻挡。

与杨明义结交30多年的袁运甫一谈起往事就会感慨良多：

“30多年了，真是患难之交。”“当年是很不痛快的时候，黄永玉、吴冠中、祝大年和我四人去写生，在苏州呆了10多天，都是明义带我们去的越溪、光福、邓尉。苏州始终给我们的印象非常好，就是杨明义画的那个感觉。”“他真的是用地地道道的对苏州的感情来画的，……明义的画是真正的在苏州长久体验的味道，所以我们大家都有一个共识：他的画最像苏州那个味道。”

陈丹青也说过这样的话：

“要说当代描画水乡的作品，杨明义先生画得好，画得早。他生长于姑苏，水都晨昏阴晴的景致在他信手拈来都能成篇；他先攻木版水印后取水墨手段，就水玩水，多年的浸润自有种种心得，画味湿润清爽，品来如同江南的莱蔬或新茶。”

那个感觉，那个味道，其实是一种意境。

“我觉得一张画最重要的因素是意境。”的确，那一种意境不是能够刻意追求得来的。杨明义说：“意境是由艺术家本身的修养与悟性所流露的东西，你刻意追求意境，那也是没有深度，也不会有‘意境’的。” 而意境正是中国画的灵魂。

杨明义的江南水乡“灵魂凸现”。唐宋画家们所强调的“外师造化，中得心源”以及“真山水之川谷，远望之以取其势，近看之以取其质”的美学观，在杨明义的画里也有阐释。

他有时也会采用元代画家擅长的“点法”，在意境稠密处，浓墨彩点来调整整幅画的气韵，以便达到充分呈现苍茫葱郁的风貌。现代画家中，例如傅抱石把具象和抽象加以完美结合而创造出来“意境”之美，李可染厚重的笔墨能够制造明暗，在光彩处理上运用得很是细腻、洒脱，林风眠的萧散简远，似乎也都为杨明义所借鉴和吸纳。

杨明义是一个不倦的探索者、尝试者和颇具先锋意识的创新者。他尝试着在现代山水画中寄托和表现出个人乃至一代人的苦痛、凝重的心路历程，展现现代社会的焦灼、飘忽和扭曲的精神特征。他在许多画幅上，以水墨铺底，表现出一片苍茫的整体气势，然后再以色彩鲜艳的颜料挥洒、点染，统调整幅画的气韵和节奏，其行笔敷彩，细秀妥帖，逸气横生。

傅抱石有一句题画诗：“河山原是心中造”；学者董桥品评山水画时也说，“天下青山都是一簇簇乱叠起来的，整齐了反而减了妩媚。”蜿蜒无尽、姿态万千的江南山水，有如杨明义前世回忆似的故乡，古老的水乡伴他入梦，导引着他心灵的走向……

杨明义（左三）和袁运甫（中）王明明（左二）聂鸥（右三）王孟奇（右二）等在深圳

杨明义依循着他自己的走向，从从容容。

1987年，已过不惑之年的杨明义，踏上了他的旅美之路。

用杨明义的话来说，“我正面临着如何控制艺术效果的问题，这就要突破。比如传统彩墨

辛未冬康州所見
于紐約

1998年杨明义在美国康州体验生活后创作的水墨画《寒江》

并不鲜艳，主要受颜料业发展的局限。现在各种颜料都有，但如何运用到国画里，怎样才算恰当？又如何使国画中的线条多变？传统国画的线条过于呆板，与现代生活的快节奏和生活气息距离甚远。简练明快和线条，可以组成千变万化的形体，从安格尔到毕加索，从齐白石到吴作人，无不依靠画的线条力量振奋人心。我不由地想起前辈画家所走过的中西融贯的道路，想起吴冠中先生说过的话，‘如果你不懂毕加索和马蒂斯，那你就不能画好画。’便生发了出国深造的想法，特别是我赴日本办画展时大开眼界，发现许多世界名画与常见的印刷品差之千里，太值得学习与借鉴了。”

的确，那时的杨明义在中国绘画界的声誉是高的，在苏州更是常被艺术圈里的人所提及。可以想像，杨明义当时如果继续留在国内，继续他的一介画师生活，他，杨明义过的生活肯定还是很安逸、舒服的，驾轻就熟的那一派江南水乡画也肯定是会被苏州人那种特有的情绪所保护起来，并当地方土产一样时不时地在重大节庆活动上摆显出来的。

但杨明义甘愿自己花钱，“自讨苦吃”，在他实足44岁的时候，杨明义突然离开了生他养他的苏州古城，只身去了世界的另一半，前往了美国旧金山。

有人不解地问杨明义，你那时在中国很好，江南水乡画也画得有点名气了，创作的版画也在全国都有影响，为什么到美国去？杨明义很老实地说：“我想出去看看，主要目的就是想更好地发展自己的艺术，不局限于自己的家乡，局限于一个区域的单一发展，想走得更远一些，让自己的艺术包容量更大一些，更宽宏一些，让自己在传统艺术的基础上发挥得更充分。”

杨明义在那个众人都以为他功成名就的时候离开了家乡，毅然选择到了美国去留学。

一个土生土长的苏州人，一个用绘画语言来表述自己眼里和梦中的熟悉的风景的人，杨明义能够适应异国的另一种生活，他的追求能够在异国的土地上得以实现，更有东西方迥然不同的审美观念和文化价值能够容忍一位来自古老东方国度的艺术家吗？

“那时中国海关规定出国只能带60美元，为了能够多一点准备，我偷偷把兑换来的300美元放在鞋底……”

刚刚踏上美国的土地，苏州人一种“眼眼看生人，脚脚踏生地”的感觉油然而生，更何况当杨明义赶到学校时，报到日子已迟了两天。一进学校办公室，校长就杨明义所学的专业直截了当地对他说：“你要念的这个专业，一个学期的学费至少1600元美金。”“我想我只有300美金，且还在鞋肚里，怎么拿出来，怎么办？”窘迫的杨明义一脸紧张，急得背上汗也出来了。幸亏陪同杨明义前往的朋友愿意借给杨明义400美金，“先应付头两个月的学费再说。”但接下来杨明义想：“他真的要和有些曾‘奋不顾身’执着来美国的同胞们一样？去打工？去洗碗？”先他出国的陈丹青知道他要到美国留学，早就在信中说了：“明义老师，来美国是要吃苦头的。”杨明义回信说：“我愿意。”

1987年杨明义留学美国时在旧金山海边的写生作品《海边苍松》

的确，杨明义很有信心，也甘愿吃苦。

安排好了住地，杨明义就用中国的水墨画美国的各种风景，用随身携带的铅笔和钢笔在地铁、公园、商店、街头记录着另一个不同国度的生活风貌。这一情景仿佛是一张旧影，却分明是一张新影，让人太熟悉了！那个当年在苏州工艺美专里由老师带着、和自己课外出去写生的勤奋的杨明义又出现了，只不过变换了时间与空间。虽然环境换了，但是杨明义依旧如饥似渴地学习、创作，这也使他感觉到了一种和以前不一样的充实。

在以后的回首检视时，杨明义不经意间突然发现，他在异国的十多年时间里竟不知不觉地画有近6000幅速写，还创作了近千幅水乡作品！这是一个什么样的数字啊？杨明义在异域的天空下十多个春秋里，他每天都没有放下自己手中的笔，每天都在眷恋他的祖国、他的水乡、他的艺术，这个数字就是证明。

1997年杨明义去中国台湾写生后创作的水墨画《台东海涛》

杨明义在纽约大都会博物馆中国壁画雕刻大厅

美国纽约留学时，杨明义在他创作的油画作品前

在纽约青年艺术同盟，杨明义得到梅恩老师的谆谆教导

杨明义回忆在旧金山海滩写生："从没见过如此壮观的海滩，与苏州的小桥流水迥然不同"，大海的涛声，山坡上的松涛声，组成的是雄伟壮丽的交响乐式的画面，杨明义大胆地用西方水彩画法绘入中国画之中。虽然身在灯红酒绿的现代都市，但杨明义更喜欢他梦中的乡村，他的故乡。

1986年，杨明义的父亲杨正冠，这个朴实、勤奋的"小业主"静静地离开了世界，终年65岁。

想到出国前，自己身患食道癌的父亲在生命的尽头给自己说的一句："不要怕，你自己的路只管走吧，你认准的路就要走下去。"的最后叮嘱；想到自己的父母亲当初知道自己瞒着报考美术学校，却没有责备，而是大力支持；想到在自己倡办中国第一家版画廊时，父亲又充当翻译，为儿子的事业默默奉献；想到清晨母亲将糯米团子藏在粥里，只给他杨明义一个人吃……身处异域的杨明义心头一热，是啊，古人云：父母在不远游，而我杨明义远游却得到了父母的支持、理解。杨明义流下了热泪。

杨明义太幸福了。

为了艺术，为了自己心中的梦想，杨明义离开了生养他的故乡、母亲，告别了他的亲友，"只是我留给母亲的是太多的牵挂。"杨明义说："如果钱能治好病，我是愿意花掉所有的钱来挽回我父亲的生命的，包括我的大娘舅。"

踏上异国土地的杨明义在艺术上更加勤奋，面对美国如此丰厚的艺术收藏品和极佳的艺术氛围，杨明义犹如一头饿虎，贪婪地咀嚼着这些"艺术大餐"。良好的艺术感觉，加上广阔的视野和勤奋的努力，使得他真切体验和明白了艺术多元互补的道理。这期间，他一刻不停地画着……

1987年5月，杨明义从旧金山转学第一次飞抵美国文化艺术的中心纽约，好友陈逸飞亲自赶到纽奥克机场接机，接着又介绍他进入了曼哈顿57街上的"纽约青年艺术学生同盟"学习。

那位被毛泽东称赞为"拍案而起，横眉怒对国民党的手枪，宁可倒下去，不愿屈服"有"我们民族的英雄气概"的先贤闻一多，也曾经在那个"艺术同盟"里学习过。在那里，杨明义选学了插图专业，在求学中他又申请安排不少时间作人体写生，以此来弥补以前自己这方面基本功的不足。他说："主要是为了想加深对美的理解和线条的运用。"学习之余，杨明义把大部分的时间都用在了各个博物馆、艺术展览会以及林立的画廊之中。去的最多的是美国纽约大都会博物馆，那里面收藏着世界上各个国家的第一流艺术珍品，"这在国内是看不到的。"

在大都会艺术博物馆，杨明义为非洲雕刻所迷恋，毕加索就是从这里吸收到最原始的养料的。虽然非洲雕刻的价格对杨明义来说是昂贵的，但杨明义还是节衣缩食买了回来。他宁愿饿了吃快餐和简单的点心，渴了喝自来水。在曼哈顿艺术博物馆，他又被希腊雕刻吸引了。在大都会博物馆他见到了中国古代的艺术精品木雕和石雕。他还认真赏析毕加索、凡高、马蒂斯、梵谷、高更、莫迪利比亚、米罗、克利、夏卡尔等大师的作品，探索他们的艺术道路。杨明义在体味、在思考，他觉得艺术应当是多元的，是互补的……

1987年春杨明义赴美先在旧金山艺术学院留学，这是和班上师生们的合影

到美国是杨明义人生的一个转折点。“在国内你的名气有点了，一到国外，谁认识你？”杨明义自嘲道。原来在苏州画习惯的中国式江南水乡，如何加进当代的艺术元素，杨明义知道很难，“有些画家说要变法，变了10多年都没变好。”杨明义想到亚明曾对他讲：“你变啊？这么简单说变就变？艺术形式跟你的思想、自己的内在结合起来，才是真正的东西。”

在纽约青年艺术学生同盟的写生教室中

那个时期，杨明义特别喜欢抽象画，“这辈子不行，下辈子我一定画抽象画。”杨明义特别佩服赵无极的抽象画创作，“我研究了他的艺术发展全过程，发现他开始时的画风也是从中国的甲骨文、钟鼎文里面变化出来的，他的画风能将内在的东西表现出来。”

中国古老深厚的文化积淀，仍然激荡着在异域天空下的杨明义的心灵。

杨明义在纽约创作的风景作品

时间到了美国的春天，但杨明义却没能嗅到江南的河水泛出的特有的水气之香，也听不到啾啾鸟鸣，更没有“日出江花红胜火、春来江水绿如蓝”的诗意。在电视专题片《不倦的旅人》中，说杨明义人虽然走在美国的马路上，但两边仿佛升起的是钢筋水泥的横断山脉、金属的悬崖以及玻璃幕墙的绝壁，建筑物被冷冷地印衬棋盘格子的玻璃上，陌生的面孔拼成最热闹的荒原，摩天大楼组成的谷地，车流滔滔地涌动，生理的距离不能再短，而心里的距离却显得不能再长，美国有成千的高架桥、水桥和陆桥，但是没有一座能够沟通江南水乡梦景的石桥。在那蟹行虾状的英文之间，杨明义怎能让那些碧瞳黄发人去体会中国古远的梅香和兰香呢？

杨明义孤独了，但只片刻，杨明义又活泼泼的了！

因为杨明义的人缘不仅在中国，在外国也有！有王已千，有王方宇，有赵无极，有陈逸飞，有陈丹青……结缘的资本无非是杨明义的为人诚恳，还有他终究是一个性情中人。

先杨明义留学美国的陈逸飞、陈丹青，都很仔细地关照他要注意点什么，要当心点什么，告诉他

1985年杨明义和赵无极在苏州

杨明义在纽约举行第一次个展时和陈逸飞的合影

1988年杨明义的作品在位于纽约世界贸易中心的纽约州州长办公室画廊展出

1987年5月杨明义转来纽约留学，陈逸飞亲自来机场迎接，第二天即陪同杨明义游览纽约城

在异国生活必须注意的事。陈丹青，这位在20多岁时曾受到杨明义帮助的画家在异国他乡，向他的“明义老师”伸出了帮助之手。杨明义说：“他（陈丹青）陪我去参观艺术博物馆，还和朋友一起主动帮助我寻找画廊，好多次为我做翻译。”最后杨明义和SOHO的一家国际性画廊签了约。“我开始在纽约经销和展出我的作品，这使我的生活、学习、经济上有了着落，我真的不知道如何感谢他才好。”

“到达美国不久，赵无极就特地从法国写了封推荐信来，信是用法文写的：“我在苏州认识了杨明义先生，他是一位有才华的画家，希望大家能帮助他获得事业上的成功……”杨明义说，这位用作品驰骋世界画坛、征服西方人、被评为世界十大画家之一的大家，在手札中亲切地和他谈起过往：“上海是我的老家，可惜家父母均已过世，尤其家父受‘文革’苦痛，我的成就多半是靠他鼓励和帮助。真是可惜他受多少罪……”是杨明义的真诚为人，让这位大家在一通书简中诉说旁人无从知晓的、他内心的苦楚。

不久，杨明义的作品参加了纽约林肯艺术中心国家画廊的展览，第二年开始又先后在美国、日本、及中国香港、台北成功地举办了个人画展和好几个当代中国画精品联合展览，这些以中国苏州民居为背景的石桥小径、田头村舍、鱼鹰渡舟、白墙黑瓦、湖光山色以及薄雾晨昏等作品，就像脱净了铅华的江南村姑一般秀丽多姿，同时还由于墨色淋漓，乡愁浓溢，又给人以一种梦幻般的怀旧情愫。

1988年，杨明义应中国驻美国纽约联合国特命全权大使李鹿野的邀请为中国驻联合国大使馆官邸创作了大幅水墨画《山外青山图》等3幅作品，陈列后受到各国朋友的高度评价。

美国纽约著名画家霍华德·法伯在文章《杨明义——中国画大师》一文中评论道：“杨明义在画中所刻意创作的并不仅仅是给人一种身临其境的幻觉，而是要表达人类精神世界中一种更为超越时空的本质。”

杨明义的旅美生活有了很好的开端，一些人就认为杨明义到美国是为了钱，而且又发了大财，“画中国画怎么会发财呢?在国外中国画有几个外国人能真正理解？理解中国传统艺术的内涵，笔墨上的技巧、线条等等？作为一个真正的艺术家，一般生前都是很清贫的。我追求的是怎么把画画得更

杨明义创作的《杭州西湖》特种小型张邮票，在1989年华盛顿20届世界邮政博览会和中国杭州首次发行

好一点，把自己的思想、情感充分表达在自己的作品里面。”杨明义坦然地说道。

18年前的1989年，杨明义的水墨画作品《杭州西湖》被中国当时的邮电部选印为编号T144的《西湖》邮票小型张。

邮票是国家的名片。能设计国家名片是一种殊荣。

当时，西湖邮票小型张的设计令中国美术界无数知名人士瞩目，很多画家都梦寐设计这枚邮票。然而，幸运之神降临到了杨明义这位苏州水墨画家的身上。

专家们在推荐中一致看好杨明义水墨画的鲜明特色：秀润苍茫，朴茂典雅，水墨淋漓中深含着淡远恬静的意境。西湖邮票的小型张设计正需要这种笔墨特色和空妙意境。杨明义的构思是，用中国水墨画来表现西湖春天烟雨景色，有疏有密，有虚有实，有山有水有塔，西湖像仙女一样淡雅清丽，不能大红大绿。杨明义还注意在山林中点画了新的建筑，“这是表现新时期的新西湖，我设计的是小型张主图。”边框是由邮票发行局设计的，只是那边框的底纹印得太深，清丽的画面让人感觉有点压抑。

还在1986年的8月，杨明义到美国求学的相关手续都已办好，正准备动身，突然接到国家邮电部邮票发行局设计室主任邵柏林的电话，“约我设计《西湖》邮票，他说该套邮票已设计多年了，都不理想。但我不认识邵柏林，估计此事是北京一位著名画家推荐我的。”杨明义接到设计任务后立即奔赴杭州。他在细雨中登上了西湖边的玉皇山顶，放眼西湖，山色空灵，湖光苍茫，美丽的西湖宛若薄纱遮面的西施，杨明义即兴挥毫，一口气画了数十幅草图。尔后，带上当时的那份感觉连同图稿，立刻回到了苏州家中，旋即投入创作……

1987年6月16日，邮票图稿评审委员会对杨明义的画稿持肯定态度，同年的11月，已在美国的杨明义收到了邮票图稿评审委员会的修改意见，他又对图稿进行了多次修改。“1989年1月，正式决定

1989年在美国华盛顿第20届世界邮政博览会首次发行杨明义绘制的《杭州西湖》小型张特种邮票，此为在首发式上

在20届世界邮政博览会上杨明义和中、美邮政部长一起为邮票爱好者签名

选用我的小型张图稿。”

1989年11月25日，杨明义的水墨画杭州《西湖》被印成特种小型张纪念邮票在美国华盛顿举办的第20届世界国际邮政博览会上首次向全世界发行。

那一天，神采奕奕的杨明义由中国邮电部邮政总局局长刘天瑞、驻美大使馆文化参赞王英民、美国邮政总局副局长莫瑞松、万国邮政联盟国际局副总局长西塞隆等一起陪同出席了邮票首发式，在场的各国人士捧着他设计的那张美丽邮票，纷纷请他签名，当一千多位要求签名者包围着他时，杨明义谦逊又不失中国人风度的神情，令一位当时在场的中国朋友从心底里发出了这样的呼喊：好样的杨明义，你真长了我们中国人的志气！

这套《西湖》邮票在中国一年一度的全国最佳邮票评选中，被评为1989年全国最佳邮票。可又有谁知道杨明义为创作这幅邮票小型张，画了多少画稿？度过了多少个不眠之夜？杨明义每次外出写生采风，他总是要带上速写本，也总不会忘记带上他的相机，“勾下几条感动我的线条，记下当时风风雨雨的那些感受……”

杨明义对写生是十分注重的。一次他在山东石岛渔村人家写生，从天不亮时爬上当地的山头俯看整个渔村，一直画到日落西山，口干舌燥的杨明义虽然身上带有一瓶水，又在途中不小心打翻了一半，可他却没舍得喝一口，全都用作调颜料画画上了。还有一次，在台湾，为画一组风情画，他冒着极大地危险坐上只可乘6个人的小飞机飞到一个小岛上去写生，艰难地在海边画着嶙峋山石，用照相机抢拍波涛、激浪，大自然的壮美让杨明义忘记了一切，就在将要结束写生的时候，杨明义一不小心被突然吹来的一阵大风掀倒，照相机摔坏不说，跌倒在地的杨明义脸也跌破，手上跌伤，鲜血流得他脸上手上都是，“胳膊和腿脚也青肿了起来，但我还是忍着疼痛完成了这次写生。”后来杨明义被送去当地医院进行了急救。

1978年杨明义在山东石岛渔村花了整整一天时间的写生作品《晚炊》

1992年2月16日，大雪纷飞。

时已安顿于纽约一隅的杨明义，渐渐消除了初踏异国的窘境，他站在摩天大楼的窗前，俯视遥望……

“飞舞雪花中的层层建筑均都被白雪装点，近处缓缓行驶着前面开着高灯、后面有点点闪闪尾灯的车辆，按序渐进。大约只有在这样高的视点才能使人领略到如此宏大雄伟的感受。以前苏州水乡的冬天，一下雪，就会赶紧出外，想留下雪的印象佳景，但总不能如愿，没有几小时一出太阳雪就化掉了，只留下融雪时湿湿的泥泞道路和屋脊上斑斑积雪。而在这里看到的是大片的、整体的，广阔而层层叠叠的瑞雪风光，真够气派。记住这样的感受吧！也许用这种感受和体会来画我心里的江南雪景，一定会有另一番新的境界。”

读着这一段摘录的杨明义日记，眼前仿佛出现了一位孤寂但却执着地在风雪中眺望艺术、怀恋故乡的游子身影，是啊，身在异邦的杨明义念念不忘的是家乡，时时想着的是艺术。杨明义说：“苏州也曾有大雪天，但我就是画不好雪景，苏州下点小雪就马上要化掉的，不知怎么画，到了美国之后，一到冬天常见大雪纷飞，既气派又宏大，突然有了感觉。我就要拿这种感觉来画我们的水乡雪景。所以，回国后我用这种感觉画的第一张水乡雪景画就相当成功，把我们的民族气派画出来了。”

从1987年到1999年，留美12年当中，杨明义每年都创作200幅以上的作品，并先后在旧金山、纽约、华盛顿及中国台北、台中、香港举办了30多次个人画展。西方人偏爱油画，却难以了解传统中国画的笔墨情趣和宁静意境，在美国素有前卫艺术圣地之称的苏荷地区，是极少展出中国画，而杨明义的中国画却能够在高档次、国际性的卡罗琳·希尔画廊举办画展，短短一个月就有80%的画被选购，这不能不说是一种奇迹！十多年了，美国艺术界和民众已熟知和喜爱上了这位荣获“美国艺术家”称号的中国人，他的作品连续数年参加佳士得和苏富比的国际拍卖行拍卖，他是当代中国画家走出国门，走向世界屈指可数的几位能获得认可和国际殊荣、厚待者之一。

杨明义在美国康州友人家花园里写生

1994年杨明义在中国台湾横贯公路上写生

1996年杨明义冒着风雨在中国台湾兰屿岛上写生

有记者曾问杨明义：“你曾于国内外办过无数次画展，也有许多作品，能说说哪些是你的代表作吗？”杨明义不假思索地回答道：“我觉得最满意的作品是自己最有感触、最有激情时画出来的东西。”杨明义对自己的作品总是充满着自信，同时又有着艺术态度上的永不满足。《月光》、《水乡节日》、《瑞雪图》、《江南春雾图》等等，还有那幅被印成西湖小型张邮票的《杭州西湖》，以及一幅被美国总统收藏的《月夜古桥》都是杨明义不同阶段的得意之作。

陈丹青曾于1978年在看了杨明义的那幅《水乡节日》后，特地写了一封信说出了他的“读后感”：

1989年美国前总统布什和夫人收藏的杨明义水墨画作品《月夜古桥》

“……十月返校过南京，去美术馆看了您画的一张水乡风俗画，很有意思，人画得尤其出趣，很耐看，去北京见多了五花八门标新立异的东西，反觉得地方上的画风专注而质朴，你的画向来有面貌，清闲、工秀、潇洒、没有大都市的喧嚣气……”

而那幅《月夜古桥》水墨画，是杨明义在一个特殊阶段创作的一幅特殊作品，被美国前总统布什和夫人收藏，其实创作这幅作品的动因却是饱含着杨明义的拳拳爱国之心和他的博大仁爱之心。

1989年，国际上，特别是美国对中国的气氛很不一般，身在美国的杨明义虽然只是一位艺术家，但他关心着自己的祖国，深知自己的祖国正处在一个非常时期。杨明义以一个中国在美留学生和一个中国艺术家的双重身份给时任美国总统的布什写了封信，在信中杨明义希望布什从“中美两国长远利益考虑，不要作出违反中美两国人民利益的事来。”杨明义还特地创作了这幅《月夜古桥》水墨画，寓意中美两国间应该建有一座友谊之桥。信和画是通过布什总统女儿的家庭教师送去的，也许是这位总统对杨明义的画发生了兴趣，月之清辉洒落小桥流水，大片浓墨中留白成了农田，灰暗中又透出农舍闪亮的轮廓，让人体会到一种安谧，一种柔情，饱含着向往平和的意境；也许是一个正直爱国的艺术家在非常时期的非常举动感动了他，收到杨明义信和画的几天后，杨明义就收到了布什总统的亲笔回信，布什在信中极为客气，俨然成为杨明义作品的崇拜者，他感谢杨明义在特殊情况下赠送寓意深远的珍贵画作，并说：“谢谢你创作了如此珍贵的艺术品，希望你在美国的努力能赢得更多的崇拜者。”

一年后，杨明义参加了中国驻美国纽约领事馆的艺术交流活动，领事馆总领事宋有明先生还特地邀请杨明义为领事馆作画。

1991年，杨明义从美国纽约青年艺术学生同盟学校毕业了。但就在那年，一位在纽约街头作画的中国留学生“林林”先生被黑人枪杀了，杨明义马上参加了支持反对美国社会种族歧视的正义活动，捐画义卖。也是那年，杨明义获得了“美国艺术家”的称号。时过四年，杨明义为美国儿童创作的以中国古代民间神话故事为题材的插图又被评为全美优秀作品，并被选入美国中学教科书，并配图译成多国文字向全世界发行。

在纽约发行的1999年9月14日的华文报纸《侨报》上刊登了这样一篇报道：

本报纽约讯：

家住纽约皇后区法拉盛的旅美华裔画家杨明义昨日从华盛顿DC领奖归来，他在此次由美国亚太艺术

1999年杨明义获20世纪末亚太艺术大展银奖，此为获奖时的留影

杨明义与陈香梅女士的合影

杨明义在他就读的位于纽约曼哈顿57街上的“纽约青年艺术学生同盟”前

研究院、美国富达国际有限公司和《人民日报》海外版联合主办的“20世纪末亚太艺术大展”荣获银奖。

经过严格筛选和评定，终于确定了本世纪末最后一次大奖的金奖、银奖及铜奖的获奖艺术家。1987年自中国苏州来美留学的华裔画家杨明义描写柳亚子故乡——苏州水乡黎里的作品《雨中江南》荣获此项艺术大展银奖。此次是他第二次因艺术成就而前往华盛顿DC领奖，第一次是十年前的1989年，杨明义的《杭州西湖》，此画被中国邮政部选印为特种小型张邮票，并在美国华盛顿DC举办的第二十届世界邮政会议上发行。

“20世纪末亚太艺术大展”颁奖大会于美国首都乔治·华盛顿大学隆重举行，中国驻美大使馆公使衔参赞蒋妙瑞、美国亚太艺术研究院顾问委员会主席陈香梅、华盛顿市长特别助理陈国华、亚太艺术研究院院长穆家善、《人民日报》海外版驻华盛顿记者站站长马世琨和富达国际有限公司总裁张雅萍等。

陈香梅在看了杨明义的作品后表示，虽然她收藏很多名家的作品，但她还是非常喜欢杨明义的画，她希望有机会能够看见杨明义的画展，并为杨明义题词：“在艺术上取得更好的成就”。

杨明义近年来曾获得“98年世界杰出华人艺术家”、“20世纪杰出人物”等奖项称号。

诚然，像杨明义这样在美国能获得如此关注和评价的中国画家，实在是不算多的。

走进溪岸草堂

无边的静
温婉，慈祥，
万丈虹影
垂自穹苍
五色映辉……
幸福的辰光！
——魏尔伦

1987年，杨明义从苏州到美国，身上带着张辛稼和徐绍青两位画家的两张介绍信，两位长者都向同一个人介绍、推荐杨明义，这个人就是王己千。

1987年1月杨明义在旧金山首次拜见王己千

王己千（王季铨、季迁），自谦“人一能之、己千之”，遂改名为己千。这位王鏊第十四代嫡孙，20世纪中国字画收藏六大家之一（庞元济、张伯驹、张大千、吴湖帆、张葱玉、王己千），20世纪后期中国字画收藏领域里的泰斗和关键人物，他看重杨明义。

出生于东吴书香门第的王己千，过云楼主人顾文彬是他祖父的亲戚，顾文彬的孙子顾麟士就是他的表舅，过云楼就是他童年的乐园，当年王己千跟表舅在过云楼学画写字，那些珍藏全印在喜爱中国书画的王己千的脑海里。民国初年博物馆和画廊寥寥无几，苏州是元明两代的裱画重镇，裱画店成为王己千最常光顾的地方，那里可以发现许多古画露脸，也能看见当世画家的近作，还有大师的身影，王己千能成为吴湖帆大弟子的因缘也就发生在裱画店里。

王己千家藏历代大家真迹也颇为丰厚，且不断寻访收集，充实其收藏。1999年的纽约佳士得拍卖会上，已是晚年的王己千竟还斥巨资143.25万美元购进了宋郭熙《秋山行旅图》。在他的收藏之中，传世孤品为数不少。如《朝元仙仗图》（绢本墨笔），为北宋时期继唐吴道子之后又一位杰出宗教人物画家武宗元的惟一传世之作，是标准的北宋高头大本卷。作为北宋年间道观壁画小样，描绘道教传说中东华天帝君、南极天帝君与侍仪、仪仗、乐队等87位神仙同去朝谒教主老子玄元庙之情景，保存得法，绢色犹新，画法用墨线勾勒，部分略加淡墨薄染。画作本身价值连城，其在美术史学上的学术研究价值，更是非同一般。

对王己千来说，吴湖帆是引导他走入中国书画收藏鉴定的重要恩师，而张大千则是能够把酒话古今的至交。那幅董源《溪岸图》就是由张大千转手让予的，它原是张大千的珍宝之一，当年以金冬心《风雨归舟图》和徐悲鸿交换得来的。1953年，张大千想出卖此画，询问王己千的意愿，几经考虑，王己千决定用12张近代画作来交换，于是《溪岸图》到了王己千的手上，这才诞生了“溪岸草堂”。

那天，王己千听说有位来自家乡苏州的画家，便提出很想看看他的画，但王己千说是这样说，其实倒有点“考试”杨明义的味道。

走进“溪岸草堂”的杨明义缓缓地将自己的画作展开给这位前辈审阅，心中不免有些忐忑不安，但想到1980年时，自己在张辛稼那里看见过王己千托香港朋友带来的、一本名为《胸中丘壑》的英文版画册，但见王己千那画里现代感的色彩、墨块在中国纸上组合成的各种肌理的山石效果，再由传统的线条把它们有机地结合起来，真是开创了一种新的山水画面貌。这样一想，杨明义也定心不少，他想这位很早时候就到美国的老人大概不会像苏州一些艺术圈子里的人那样，认为他杨明义的画不是中国画的吧。

其实，王己千不仅仅是一位收藏、鉴赏家，他的艺术成就也是很大的。作为画家，王己千不但承继传统，笔墨老辣，而且聪慧过人，善于变法。移居美国后，他呼应国际美术的动态变化，多次对自己的绘画风格进行调整，以适应国际美学新观念，更有让人想不到的是，王己千也曾专门到杨明义留学的那个“纽约青年艺术同盟”去学习水彩、水粉画写生，为使他自己的绘画风格紧跟世界潮流。在熟练掌握传统笔墨的基础上，王己千大胆地借鉴西画的诸多绘画技法，运用于自己的创作之中，使自己的作品华人爱看，外国人也爱看。当年“变法”之初王己千曾想尽各种有益的办法，甚至尝试过以纸团用墨汁蘸过后，展开来以随机形成的墨线为“蓝本”，强迫自己发挥想象，以此创作，藉以提高随机而动的应变能力。

果然，杨明义的画王己千不看则已，一看便脱口而出：“你的画倒是和别的人不一样，和传统山水也不一样，很有个人风格。我看在美国一些没有什么本事的人都可以混得不错，凭你现在这几笔一定可以在这里发展得很好。”杨明义心头一股暖流涌过。

王己千的气派的确是大，那口吻仿佛是千年前唐朝长安城里的顾况，见到甫入京城的白居易，颇不以为然，及至随手翻看到“离离原上草，一岁一枯荣。野火烧不尽，春风吹又生。远芳侵古道，晴翠接荒城。又送王孙去，萋萋满别情。”时态度迥然不同。

王己千真是个率真之人，一旦认定杨明义是有才之人，便引为知己，遂拿出刚从苏富比拍卖行拍到的一套宋代马远画的12张山水精品册页，让杨明义欣赏。“画面的左侧还有皇后娘娘的亲笔题诗。这是八国联军从北京夺去的珍宝之一，现在终于又回到了中国人的手中，可见王老对祖国文化的钟爱是何等深厚！”王己千还竭力向博物馆、艺术中心举荐。还亲切地对当时还住在旧金山的杨明义说：“在旧金山生活是不错，但学习艺术一定要到纽约，在纽约可以看到世界上最好的艺术品。来的话可以住到我家里。”

一个学期结束，杨明义就收拾好了行李，遵照王己千的嘱咐来到了纽约，开始借住在王己千刚刚新买下、位于纽约皇后区森林小丘、古老印度风格的四层楼别墅里。杨明义也因此“有了和王老经常切磋、交流中国传统文化艺术，反复观赏王老收藏的大量珍贵的中国传统艺术珍品的机会。”每次和王己千的交流，总会让杨明义感奋不已，获益良多。而在王己千看来“我很讶异，因为有些年轻一些的画家，不太重视旧画的研究，而杨明义却对传统绘画如此地迷恋。”

当杨明义在台北敦煌艺术中心举办水墨画展时，展馆方面希望有一位在美国有身价、有影响的人物写一篇推介杨明义的文章，时已80高龄、寓居纽约的王己千一听，马上允诺由他来动笔。杨明义真是感激不已。“但王老提出要有一个人听他的讲述记录整理后再由他修改，于是，我请了一位正在美国的上海作家、画家邓泰和先生。”三个人聚集在一起谈论着，记录着，最后由邓泰和整理成文，再请王己千过目。本来已经完成的事了，不料王己千还觉得不“到位”，遂提起毛笔在笺纸上落笔滔滔，郑重其事地给敦煌艺术中心写了一封信，表示他的这篇题为《家乡梦境》的文章是专门备在杨明义“展览期间宣传之用”的。

王己千给杨明义的评价是重的，也是恰如其分的：

“我以为，1919年以来，近代中国人对自己以往文化的继承断裂了，传统哲学中所看到的从容、无为、自由、坦然精神都在渐渐消失。在这个时候，读一读杨明义的画作，静一静，体味一下人生的更本质的目的和意义，恐怕是一件既赏心悦目，又修身养性的事情吧。”

中国的有良心的文化人向来是懂得“感激”的，杨明义“真不知道如何感谢王老”，于是他用许多天的时间，精心创作了14张大册页，“想恳请王己千先生挑选出看得中的12张，组成一套，送给王老。”当极有眼力的王己千翻来覆去地看着14张册页，老实不客气地说了一句：“这14张都不错，你索性再画两张凑足16张算一套吧。”

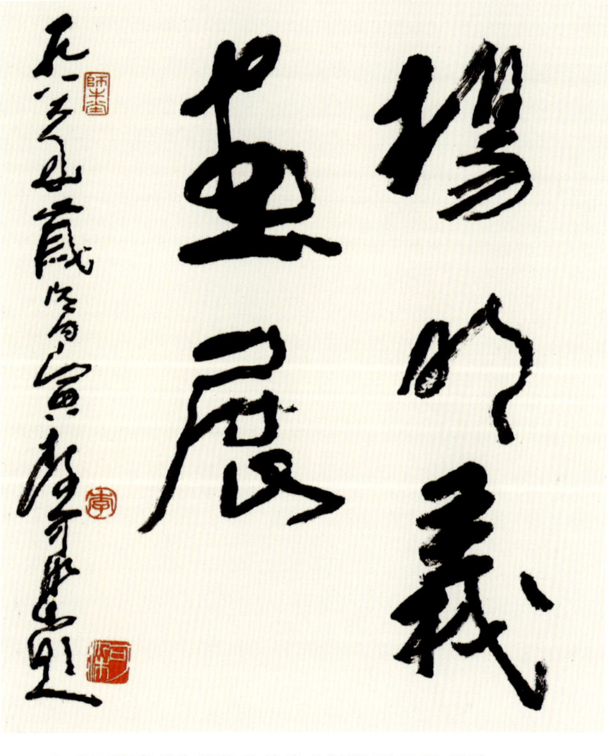

1986年李可染专门为即将赴美的“杨明义画展”题字

诗词、书画的酬唱在中国学者间是常有的事，王己千为了杨明义“感谢”他的16张大册页，也写了一幅题跋当作谢意回赠给杨明义，那题跋的文字王己千还专门请了一位在纽约的中文教授润色，其辞曰：

明义为写江村小景十六幅，水光月色缭我梦思。吾吴自明清以来，画家辈出，而专写渔舍风光者尚未前见。明义生长文乡，寝馈于斯已三十余年，不独行笔秀丽而恬淡，幽静之致尽赴笔底，盖心胸有此蕴蓄，非学力所能强求也。承惠精心巨册，深感庆幸。戊辰冬至，雪窗多晦，漫志数行，藉示倾折之意云耳。

震泽王季迁题于溪岸草堂

这位20世纪中国书画收藏、鉴赏执牛耳的溪岸草堂主人，认为杨明义和自己“在欣赏和认识中国画上，我们彼此很能沟通。”“杨明义的作品无不浸透了他对家乡苏州的深情挚意，对中国画深厚的认识和很好的艺术素质，加上他多年的艺术实践，可以说他的作品已形成了他自己的特色风格，广度和深度兼有存之。”

王己千对杨明义的“倾折之意”由此可见一斑。

借寓在王己千家的杨明义没有放松在这个“宝地”的每一天，他没有入宝山而空手还。这座位于皇后区中心的森林小丘、70大道的印度风格的老屋，是王己千于1986年“他在拍卖行卖掉一套明代董其昌的水墨册页后，再用这40万左右美金购得这幢别墅的。本意是想将那处地方作为纽约水墨画协会活动的中心，先由他大孙子夫妻居住和打理，我去了后借住在那里，有个宽大的地下室让我作画。我在那里住了整整有一年半，现在想想还是很感谢王老，使我来纽约后一下子安定下来，能正常学习、创作，很快进入了我人生新的轨道。”

2002年杨明义和王己千老人在纽约溪岸草堂谈艺

1993年王己千（右二）返回故乡苏州洞庭东山，此与杨明义（左二）在东山雕花大楼后园中合影

1993年王己千由杨明义陪同访问苏州听枫园

让杨明义现在还记忆犹新的是，王己千在认定杨明义是腹有才华、为人诚恳之后，竟破天荒陪杨明义“打的”到律师事务所，办理杨明义居留美国的绿卡担保手续。因为在以后的日子里，杨明义才知道这位常人看来有钱的阔佬，其实生活上竟乎到了苛刻的地步，“但为了我，却是他掏腰包‘打的’，说出来真的让人不可思议。”到了律师事务所，王己千又亲自给杨明义当翻译，杨明义说，虽然他父亲精通英文，他也在到美国之前学了点简单会话，但真正到了美国，“还是听不大懂，口语还是不行的。”

那位律师对王己千说：“只要你C.C.Wang（王己千英文名字的缩写）出面担保的人，肯定是优秀的，您前面已担保了3人，杨明义先生是第4位，我们很重视您的意见，但是您银行的存款数额已无法再给杨先生提供担保了。”这也可见王己千虽然是知名收藏家，富可敌国，但他用于投资收藏的款项额度也是惊人的，以至于他的银行存款现金已无法给人提供担保。

杨明义借住在那古老却极为珍贵的建筑里，王己千常常对他说要“小心点”，王己千不仅对字画，且对于传统建筑也是极具保护意识的，因为自己年老体弱，他就叮嘱小辈和杨明义一起要将那老房子里的、上世纪精美地砖用清漆刷上一遍，以防磨擦损坏；内室厕所墙壁也要用银色壁纸重新粘贴；还要杨明义将原先住户按照自己喜好刷上的、遮住本来面目的、通透式围栏铁柱和门窗上的多层

1998年在纽约溪岸草堂王己千书写巨幅书法赠给杨明义

1999年纽约大都会艺术博物馆为王己千建立他的家族艺术收藏馆，此为杨明义和王己千在开馆庆典上

油漆悉数刮去，重新用相符的漆色补刷一遍，那是怎样一种工作啊！“刀片刮到铁柱上，那声音听得牙齿都发软的。”每刮一根铁柱，杨明义心里都增加一分信念，他把这些都当作是一种磨练，“张良拾履”的典故一直在他脑海中复习。“到了冬天，下过雪之后，还一定要将别墅四周外的积雪扫除干净，因为在美国，如果有人在你门前因为积雪而滑倒受伤，这家人是要负法律责任，并要承担所有治疗费用的。”

杨明义仿佛是一位为取真经的小沙弥，为了深研灿烂佛法的精深博大，绝不计较困苦，难堪，艰险，嘲笑，他虔诚至极，杨明义是一个可教的“孺子”……

许多年后的2006年12月，当杨明义重回纽约，途经当年借寓王己千的别墅地附近时，他又回想起那段时光：“春天的鲜花，夏天的绿荫、秋天的红叶、冬天的白雪，在那里的一切欢乐和彷徨、烦恼与不安，在我生命的记忆中永远不会忘记。”“雅昌”杨明义的博客上也留有他的感慨。

因为彼此志趣相投，杨明义经常受到王己千的“特别招待”——每当王己千从银行保险库中取出一幅珍品欣赏展玩时，杨明义都会接到王己千亲自打给他的电话：“杨明义，我从银行里拿件东西出来了，你阿过来看看啊。”“一接到这种电话，我就放下手中的画笔，兴冲冲从纽约东部的皇后区，赶到曼哈顿城中心的古意盎然、典雅的‘溪岸草堂’，也就宛如进了一座‘迷你博物馆’。坐在他的清一色明式家具摆设布置的客厅，看着四壁悬挂的书画，上自宋、元、明、清，下至当代名家，令人如同沿着时光隧道走进中国的历史，使人浑然忘怀此刻身处十丈红尘的纽约市。听他妙语如珠谈画论艺，更是精神上一大享受。”

杨明义也因此有机会零距离地观赏到了许多宋元明清：郭熙、董源、巨然、马远、刘松年、赵子昂、倪云林、唐伯虎、徐青藤等等历代大家真迹，“不计其数，这在别处是看不到的。”

清华大学美术学院教授袁运甫曾说过：“杨明义在王己千那里看他的收藏品，看了好多真正的好东西，王己千那儿的东西，中国还没有一个画家能饱览10多年之久，这也说明王先生是非常喜欢明义的画和明义的为人”。

当王己千和杨明义这两位艺术的信徒，一同面对数百年前的艺术精品时，脸上泛起童真一样笑容的王己千，就会客气且真诚地对杨明义说：“要讲画画，我真是画不过你的，我要向你学习，但要讲鉴定，我倒可以教教你，我是用血本换来的眼睛。”杨明义深深理解这句话的含义，眼前的这位老人

杨明义父子在纽约溪岸草堂随王己千欣赏徐渭书法长卷

1995年王己千为杨明义作品题字

没有半点夸张之辞。这不仅在杨明义以后进出纽约或香港等地的拍卖会，自己感受到那种惊心动魄的刺激场景，体会这种付出代价的感觉就像在战场上的拼杀一样，尝到那一种心惊肉跳的滋味，而且，确确实实王己千的鉴赏眼光，是靠他的半丝半缕的节衣缩食，以牺牲金钱乃至付出常人难以承受的心力才换来的。

在以后的时间里，杨明义从王己千那里学习了鉴赏的知识。“对鉴藏，首先要了解作者，作者的成长经历，作者的早年风格、中年风格、晚年风格是什么样子的，还有用纸、用笔、用墨、用水，再有图章是什么时候的，什么品质，印泥又是哪一种的，作者的游历、交友情况是怎样的，落款、题跋的先后，等等，等等。”杨明义认真地说：“鉴定书画是很复杂的，学问是相当重要，另外，我认为鉴定不要轻易相信别人的题跋，不要相信别人‘讲故事’。”

温文、节俭的收藏巨富王己千，虽然有巨资购藏中国书画，但他的日常生活却是极为节俭，对自己的生活用度甚至到了苛刻的程度。一些曾经给王己千帮佣的人，还常常说起王己千的小气，为了节省，一直要他们将用过的保鲜膜洗干净、凉好后再用。就连他的不少友人也认为他是很吝啬的人。当年杨明义借住其家时，每当拿到杨明义每月支付的200多美金房款时，老人的脸上竟会像小孩拿到压岁钱一样，用夹着上海口音的苏州话说：“谢谢你，那么我又好摸摸哉。”至今有人还对王己千常用纽约地区厚厚的电话簿练字不以为然。其实，不用宣纸去用那种纸张练字，对王己千来说不仅仅是节约，更是他在尝试毛笔与不同纸张的接触度及感觉。

王己千，这位收藏领域的“枭雄”，在世界收藏界都可以策杖而行，但他却在杨明义面前流露出了他的悲、他的思还有他的愁。王己千多次和杨明义谈起他所收藏的东西的“出路问题”。

“杨明义啊，我是苏州人，我收藏的东西主要都是中国的，人总要离开这个世界的，我走了之后，这些东西怎么办呢？”那时的杨明义在王己千心中已然成了忘年之交，他还常常和杨明义谈起过往：“刘海粟对我说，要提高自己的艺术水平，必须到国外开拓眼界，西方油画有许多值得中国画家学习借鉴的地方。刘海粟一席话打动了我。”

1947年，时年40岁的王己千偕太太远渡重洋到美国。这是他艺术生涯的一个重大转折点，新的生活也从此开始。“你现在和我那时差不多年纪，也要有新的开始。”这在晚年的王己千来说是个“奇迹”。 袁运甫曾说过：“能够和王己千在一起这么长时间，不容易。”因为这位老人素来是不太相信别人的，也很少听得进别人的意见或建议的，即便是王己千的夫人郑元素。

王己千能把自己的心思告诉杨明义，并想得到杨明义的参考意见，是对杨明义的无比信任，也可以说是对杨明义的一种“恩宠”。

杨明义的办事效率是高的，这也是许多年前华君武、叶浅予等前辈就已说过了的，杨明义办事能力很强，很能干。一心想让许多珍宝能够回归祖国的杨明义，马上联系了在纽约的联合国全权特命大使和中国驻美国大使馆高级官员，请他们来到王己千的家里。杨明义是想请官员们看过王己千的藏品后，能向国内有关机构作个汇报，并将王己千自己的想法也一同报告，“让国内的博物馆收藏、收购王己千收藏的东西，让珍宝回到自己的祖国，这多好。”杨明义是这样天真地想的，但最终还是没有能让王己千的愿望和杨明义的想法实现。

之后的王己千还多次感叹：“中国缺少博物馆，无处可看画。”“可以把东西放到苏州，专门成立一个以您名字命名的博物馆或收藏馆。”杨明义的满腔热忱马上得到了王己千的回应，他叹口气缓缓地说道：“想是想过的，但不行啊，不要说苏州，就是中国北京我也考虑过的，但建筑、保存设备不行啊。”

垂垂老矣的王己千终将自己一些收藏品捐献给了大都会艺术博物馆，该馆也以他的名字 “C C Wang Family Gallery” 命名，这是世界四大博物馆内，第一家以中国人名字和他家族命名的艺术陈列馆，其间收藏品与世界上其他任何一家博物馆的早期中国绘画的经典收藏品相比，都不逊色，且其藏品覆盖完整，并有重迹，有郭熙、董源、巨然、马远、赵子昂、倪瓒、吴镇、沈周、唐伯虎、董其昌、八大山人、石涛等大家精品。

但王己千并没有放弃为家乡“做点事”的念头。虽然这位收藏翘楚被北京中央工艺美院聘请为客座教授，被上海画院聘为名誉画师，被两岸故宫博物院都请去鉴定，但作为家乡的苏州却还从没有抛给他任何绣球。“我想到家乡办个展览，向家乡父老作个汇报，我还从来没有在自己的家乡办过展览。”一旁的杨明义听出王己千的思乡之心，他宽慰王己千道：“王老，您到苏州国画院不是名誉画师应该是名誉院长。”于是在以后的时间里，杨明义又开始了他为王己千苏州办展之事的奔波。

1992年王己千高兴地手持苏州国画院名誉院长聘书留影

就在杨明义为王己千苏州办展之事而忙碌的时候，在地球另一半的王己千也正沉浸在无比的喜悦之中，因为他终于收到了由苏州国画院向他颁发的一纸聘书：

特聘著名书画家、书画鉴赏家、收藏家王季迁先生为苏州国画院名誉院长。

苏州国画院一九九二年十二月

王己千高兴地站在溪岸草堂的匾额下拍了一张手持展开聘书的照片。

拍好那张照片的王己千又欣然挥笔给时任苏州市委副书记、苏州市海外联谊会会长的周治华写了一封言辞谦恭、而又喜形于间的“感谢信”。杨明义回忆说："当时王老心情很激动，先是打草稿，然后用毛笔誊，但写了过半又觉得不满意，又换麦克笔写。"

信是这样的：

治华先生台鉴：

杨明义兄从苏州带来国画院聘鄙人为该院名誉院长聘书，深感荣幸。自愧才疏学浅，实不敢当。鄙人流落番邦瞬已四十余年，对于祖国艺术素下心折，无时不以宣扬国粹为职志，深愿有生之年能为祖国效力则更所欣幸。本年九十月间明义与鄙人可再返吴门小住，届时盼能会见市内领导以及画院同仁，获饮教益，尤所翘企。种种有费清神，容后面谢一切。专此敬上并颂

台绥

王己千顿首　二月一日

贝聿铭设计的苏州博物馆新馆没有离开苏州园林的元素

周治华在写给杨明义的信中也为这位收藏界的泰斗能出任苏州国画院名誉院长、在家乡举办他的书画展览认为 "当无问题"，并表示"热情邀请"。

周治华在1993年1月13日给杨明义的信中是这样说的：

"……为王己千先生荣任苏州国画院名誉院长举行一个隆重仪式是很必要的，届时你同来热闹一番，将是一大快事。请你转告王先生，把日期早点定下来，并将他的打算告诉我，我们一定隆重办好，热情邀请他来苏。……"

同年的2月23日周治华又给杨明义写了封信：

"……欢迎己千老先生今秋来苏。……将他部分作品带来苏州装裱，当无问题。国画院本身就有装裱师傅。"

1993年下半年，那位"流落番邦瞬已四十余年"的老人，风尘仆仆地从美国回到了苏州，原本想圆他自己一个美梦，但因为种种原因他的书画展却无法举办。彼时苏州的媒体反映也是那样的平静，就如他的一件长衫，熨贴得没有皱折。

王己千，用其毕生精力在美国大力推介、宣传中国艺术。纽约大都会博物馆复制苏州网师园内的"殿春簃"，建造"明轩"，长期陈列展示中国造园艺术，就是因王己千的倡议。在美国艺术界，可以说没有一个人不知道王己千的。这位20世纪80年代初协助苏富比等著名拍卖行确立了中国国画在西方的拍卖定价体系的奠基人，最终却没有能够在自己的家乡开一场他梦想已久的、自己创作的书画作品展!

2003年7月的一天，王己千悄悄地走进了历史，"溪岸草堂"也淡出了人们的视线。在他的告别仪式上，座下的王己千老友贝聿铭夫妇一脸肃穆，他也许不知道10年前他的老朋友曾有一个夙愿没能实现。

还在美国的时候，陈丹青就对杨明义说过这样一句话：

"如果我们在美国有50个王己千这样的人物，那我们中国人在美国的地位就不一样了。"

的确如此，王己千、贝聿铭是苏州的骄傲，但又岂止是苏州的骄傲?

国远乡思近

在你深邃的的眼湖里，

我微小的心沉溺且柔化了，

我被击溃，

在这爱情与疯癫的湖水，

怀念与忧郁的湖水。

——阿波里奈尔

如果杨明义继续着他在美国的轨迹运行，他的确可以像王己千说的那样，“一定可以在美国发展得很好”的，至少他的生活可以达到出国前、在苏州时那样的水平——安逸、乐惠，因为他那时候的收入真是像一些人以为的那样：很有钱了。

的确，到美国的第三个晚上，杨明义做了他在美国第一件得意的事情。在朋友的帮助下，一位美国友人专门为杨明义召开了一个party。也令杨明义至今不能够忘怀的是：那天，在这位美国人的家门口，升起了一面五星红旗，以表示对中国来的杨明义的尊重。“没有想到我应邀参加party，能够在异国看见祖国的国旗，那种心情是怎样的激动啊！我热泪盈眶。”

也是在那个聚会上，杨明义卖画一下子收入近3000美元。更巧的是，还有一位美国人在聚会上不仅买了画，还拿着一张以前从北京荣宝斋画店买来的杨明义的水乡画，问他：“是你画的吗？”并要他签名。

与其他留美的艺术家相比，杨明义是幸运的。还在曼哈顿的纽约青年艺术学生同盟学习的杨明义，就被学校一位插图专业的老师梅恩称赞过，梅恩曾经对杨明义说：“杨先生，我感觉您的水墨水彩画和素描已经到了很高的境界，我建议您可以吸收西方的色彩概念去学习点油画。”也由此，杨明义开始尝试用自己的风格和西方的色彩来创作。机遇也正在这时出现了，一位与中国现代文学大家郁达夫沾亲带故的人，因为在国内曾经受到过杨明义的帮助，但那时的杨明义并不知道这人的身份，及至到了美国之后，巧遇后才知道这人的背景。也就是由这位先生介绍，杨明义担负了在美国的中国民间传说故事的插画工作。

纽约Dial出版社，这家美国的权威出版机构，很需要一位能了解东方，了解中国传统民间艺术的人，他们曾高薪聘请过来自意大利、德国、英国、西班牙、日本、印度的知名画家，创作他们自己国家的民间故事，同时也征聘能够创作有关东方中国的民间传说故事插图作品的画家，但遗憾的是，在美国的画家因为没有在中国的生活基础，所创作的画稿没有一幅能够真正体现中国民间传说故事的意境，没有一位画家让这家出版机构满意。因为他们不是来自中国，不了解中国的传统民间故事，无法用画笔生动地描述。杨明义的出现，让Dial出版社眼前一亮，他们尝试着请杨明义创作了几幅插画，审看后，出版社的几个编审大有“相见恨晚”之叹。因为，在这个国家，出版社也是经济社会中的一份子，对他们来说时间不能耽误！时间就是金钱！

于是，在接下来的时间里，杨明义开始了他的另一种创作，为他在美国继续他心中的江南水乡水墨画创作做一种新的尝试和探索。

杨明义为美国中学教科书作插图，这在美国当地来说，也是一项极为体面，又让人羡慕的工作。但这种看似省力的插图工作，实在是很累人的，不光是插图本身，更主要是须符合出版社的要求，因为编审毕竟不是中国人，要让一个美国人认可中国的绘画，认可中国画表现的中国民间传说故事情节，那可真是难上加难了。

1988春杨明义在纽约首次举办个人画展，此为展览海报

杨明义凭着他少年时代练就的速写写生对象的绘画能力，先用线描手法，再敷以西方色彩，加上他的想象力，还有他的笔墨功底，一幅一幅地努力地画着。《孟姜女的旅行》、《贝壳姑娘和皇帝》、《长发妹》等等作品，终于赢得了这家全球著名出版社的好评，《贝壳姑娘和皇帝》还获得了1991年全美优秀插画奖。《长发姑娘》一集在美国出版后还被欧洲、非洲的国家译成多种文字发行。

杨明义在美国的地位有了提升，那时可以看到纽约的各公共图书馆中，杨明义的绘画作品书籍被陈列在显著位置。杨明义如果此时和这家出版社签了约，他可以和美国的上班族一样：每天穿着笔挺的西装，系着漂亮的领带，蹬着锃亮的皮鞋，夹着皮包出入于这座75层高的摩根大楼，在那个黑头发、黑眼睛、黄皮肤数得清的、许多国人梦寐以求的地方上下班。但杨明义思考良久，他心里还是装着水乡，想念着水乡，他没有和出版社签约。

虽然物质生活趋于安定，但这反而让杨明义感到迷惘和困惑。杨明义不甘心接受这既成的事实，他心中还是想念着他的水乡，他的故乡，他的祖国，他的艺术。杨明义挣脱着，和人性中的懒惰争，和舒适的生活争。傅聪曾经说过：“一个感觉安全的艺术家，一定是一个不思进取的艺术家。”杨明义有危机感，他要在自己的艺术道路上继续探索！继续奋进！

“我是在1994年放弃了纽约Dial出版社继续工作的合同的。我要搞自己的艺术创作，还是要画我心中的水乡。”

唐朝诗人岑参的一句“行到安西更向西”，就是彼时杨明义的心念，杨明义以其充沛的力量，豪

1991年杨明义创作的《贝壳姑娘和皇帝》一书获全美插画优秀奖

迈的精神又启程了。1995年，杨明义来到了意大利那个闻名世界的水城——威尼斯。逗留期间，他在那个西方的水乡采风、写生，暗暗地将东西方两处水乡作比较，分析东西方民族审美上的区别。渐渐地，杨明义真切感受到了那句简单中却蕴含着深刻哲理的话语："只有民族的才是世界的。"杨明义确立了自己在美国的艺术发展方向，不管如何艰难，他还是要继续坚持他江南水乡的创作，继续着他在中国传统水墨画中创新的探索，他要用自己的、独特的、富有东方情韵的水墨水乡画向世界宣传中国的水乡文化。

杨明义的中国画打动了卡罗琳·希尔（Carolyn Hill Gallery）画廊的主事者，杨明义受其邀请，从1988年开始，杨明义在美国每年都有个人画展。美国的著名艺术评论家克劳斯·雷萨尔（Claude Lesuer）在《杨明义闪耀的意象》一文中高度评价他的画："杨明义打破传统追求更具有个人特色的意象时，既保持了他所继承的中国式视觉上诗的意境，又跨入了西方美术的主流……乃是一个里程碑……"

与此同时，杨明义的作品还时不时地出现在佳士得、苏富比等国际拍卖行的拍卖会上。他的作品先后被大英帝国博物馆、纽约大都会博物馆收藏。杨明义的作品已经博得了世界上不少有识之士的认同和赞誉。

杨明义在他的作品里描绘着自己的祖国，自己的家乡，表达着他无穷的相思和眷恋。"我越来越感觉到离开自己本土的艺术，是没有生命力的，以后必定会造成自己艺术创作上许多失衡。"时间在流淌，杨明义在思索，他清醒地认识到了自己的位置应该摆放在哪里。在国外的杨明义创作中常有的题材是小船、莲，还有水乡的桥、水乡的房屋……难怪杨明义的老师吴敦木不明白学生为什么"画到荷花总是很多的，古画当中荷花画起来是很少的，三三两两。杨明义一画就是一大堆，一大片，一大蓬。我不懂。"时在异国的杨明义心中总有思乡之情啊！他说："我一画莲花就想到了家乡，想到了家乡的水，也许是这一份浓郁的乡愁，笔下的山水江南更能引人共鸣了。记得有一次在台湾开画展，一对老夫妇在我的山水画前泪流满面，我当时很紧张地上前询问，原来两位老人年轻的时候便离开了江南到了台湾，几十年没回大陆，现在被我画中江南水乡的景象牵动了思乡情愫。"

是啊，任何一种艺术样式，当能与读者、观众产生共鸣，让人有了"通感"，那这样的作品还能说是不成功的吗？

也是在见到老夫妇对着他的作品流泪的那一刻，“条件反射”让杨明义马上想到了“落叶归根”四个字，“于是，我选择了回国。”

执着地追求艺术的杨明义在那个发达的“第一世界”里奋斗了十多年后，他所拥有的物质上的、生活上的、乃至心情上的一切，已足以让许多国人，甚至留美数十年的人都羡慕不已。但杨明义不甘于美国安逸的现状，不甘于他已取得的艺术上的成就，他竟像当年“舍弃”在中国所拥有的一切那样，他又惊世骇俗地选择了舍弃在美国奋斗所取得的一切。

杨明义回到了阔别已久的祖国，他的家乡苏州。

1995年杨明义在意大利威尼斯写生，作品即《泊》

从东方到西方，再从西方到东方，杨明义的成功不仅是个人意义上的成功，也是中国古老土地培育的儿子所获得的成功，是整个炎黄子孙的骄傲。“杏花、春雨、江南”6个汉字已深深印人杨明义的脑海里，无论东方也好，西方也好，世界其他地方也好，只要仓颉的灵魂不灭，美丽的中文不老，那形式，那情感，那磁石一般的向心力必然常在。台北著名作家张曼娟，看了杨明义的作品后激动不已地在《水乡，最深情的爱恋》一文中说道：“这些画不只要用眼睛去看，更须用心倾听……”台湾著名画家兼评论家何怀硕更是满怀深情地写道：“谁的故乡能够提供画家画不完的美景，谁对故乡有如此深刻的记忆与爱，千万斛乡愁倾倒在纸上，像无言的歌 样，如今杨明义人在纽约，对苏州故里，更有无尽的离愁别绪，化为腕底的水晕墨章”。而世界著名的收藏家、鉴赏家，同为苏州同乡的王已千生前就肯定地认为：“中国文化中深刻的含蓄和坚定独立的精神特征在这些作品中得到了充分的体现。”

杨明义说：“其实回国从另一种意义上来讲，是又一次全新的‘出国’，只是形势更紧迫，挑战更严峻。现在应是我生命中的最佳时机，是到了把我数十年来在艺术中积蓄的全部力量发挥出来的时候了，我有信心，我一定能完成人生艺术上再一次新的突破的。”

莼鲈之思的境界

陷入沉思，
边毁边创造的上帝，
面对混乱走向
虚无的世界，会怎么想？
他是否在倾听我们的声音？
和俯耳于天使，倾耳于恶魔？
巡视我们昏睡
的梦境，他又想到什么？
几多太阳，崇高的幽灵，
闪亮的轨道上多少星体，
在深渊，有多少
他或不满意的天地！
——维克多·雨果

一个讲究吃鲈鱼、莼菜羹的地方，肯定是鱼米之乡、风雅之地，肯定是更人性的栖居之地。这样的地方，有着这样的魅力，让人平息尘心俗念，放弃对仕途经济的热衷。如果要用四个字来表明这样一种回归家乡、回归自然、回归本性的选择的时候，还是适宜用这四个字：莼鲈之思，来得好。

莼鲈之思，是一种记忆，也是一种传奇。

莼鲈之思，是一种传说，更应该是一种理想。

一个阔别祖国和故乡的游子终于回来了。

他是那么兴奋，激动。他想和自己的母亲、自己的老师、自己的同学、自己的亲友、还有他的母校的老师、学生说说讲讲，述说他在异域天空下的见闻、生活和相思之苦。

还在1984年5月，工作在苏州国画院的杨明义见到母校苏州马医科小学的建筑设施破旧，就主动为母校捐赠5000元，后来又赠送一幅版画作品《五月枇杷满树金》。以当时的物价水平而言，这笔赠款不可小视，学校也就是在这笔资金的基础上，成立了“杨明义奖学金基金会”。现任校长朱正芳说：“学校就是依靠杨明义老师的这笔款项，每年给毕业生中的优秀学生给予奖励的。”这座由金振声（美国基督教监理公会中华女布道会传教士）创建于1921年的苏州早期教会学校之一的苏州市马医科中心小学，前身为振声学校，至今已有86年的历史。

1997年1月杨明义旅美十年后回到母校“马医科中心小学”受到同学们的热烈欢迎

马医科中心小学内设有杨明义美术室

马医科中心小学的画廊里陈列了杨明义的作品和返回母校后的图片

“母校像家庭，离家的时间愈长，就愈是贪恋！母校像故乡，离乡的距离愈远，就愈是惆怅！”

这是杨明义的大娘舅吴赞廷，在给他的母校苏南工专八十周年之际写的缅怀文章——《母校我怀念您！》中的句子。这也是杨明义对母校的心声。在留学海外的日子里，杨明义一有机会回到家乡，他除了去水乡写生，还总会去看望自己美校的前辈老师，到那所小巷深处、他童年的母校转一转。在以后的日子里，逢到新年，杨明义还为母校印制了贺年卡片，当朱正芳校长拿出保存得崭新的一张张贺年卡片时，脸上充满微笑，“学校为有杨明义这样的学生感到骄傲。虽然我们知道杨明义老师的作品现在价格很高，我们也没有再向他提出要画，但他还是又赠送了一张有他特色的、典型江南水乡题材的水墨画《春之晨》，落款上写明：敬赠母校马医科小学。”

朱正芳提到的那幅《春之晨》是杨明义旅美10年后，赠送给学校的，以表达他对母校孩子们的殷切期望。那次，杨明义又捐赠了10000元给母校，作为十年前捐助母校奖学金的追加金。

苏州甘于寂寞的书画家有得是，他们当中一些书画家的确能安于书斋，潜心书画创作，但在现今这个时候像杨明义这样既淡定，又走出书斋，还用一腔热诚之心回报母校的书画家还没有。

马医科中心小学全体师生在1997年3月30日给杨明义的信中写道：“……时光流逝，您对母校仍如此眷恋，如此情深，实在难能可贵。您给同学们的来信，已告知全体学生，他们也会时常想起杨伯伯的。您的赠画与和学生的合影能够制成贺卡，非常好……”

朱正芳校长激动地说：“我们知道他很忙，但他总能和我们常常保持联系。你看，这是他又寄来给学校的《诗画江南》作品集，还有报道杨明义画集出版发行的相关报纸。”老师们也常常告诉学生，在这个园子里走出了一位闻名世界艺术圈的学生。杨明义在母校师生的心目中是一位传奇式的人物。

的确，杨明义还在继续他的传奇。

1997年，时年54岁的杨明义为苏州市人民代表大会新大厅创作了巨幅水墨画——《春雾江南》，陈列后受到大家的一致好评，并获得苏州市人民代表大会荣誉状。虽然杨明义历来的作品获奖甚多，国内、国外都有，但他认为这是他众多奖项中最为宝贵的一项，因为这是他亲爱的故乡人民授予他的。

也是在这一年，杨明义在家乡苏州的吴作人艺术馆举办了“旅美十年——杨明义画展”。时值初春，春寒料峭，杨明义的许多朋友，江浙城市的一些画院院长，市里领导都来参加画展的开幕式，吴作人艺术馆内济济一堂，热闹非凡。

但那时没有人会知道杨明义的内心是多么地不安。开幕前，杨明义打电话告诉陈逸飞，此时陈逸飞正在北京，但他肯定地说：“我一定来。”就如同杨明义在纽约第一次画展前情况一样，他对当时

1997年春在家乡苏州吴作人艺术馆隆重举办的“旅美十年——杨明义画展”

苏州市长章新胜（中）陈逸飞（左后）在参观“旅美十年——杨明义画展”

陈逸飞专程来苏州参加“旅美十年——杨明义画展”的开幕式，并接受电视台采访

惴惴不安的杨明义说：“杨明义，别紧张，我届时一定前来，我还会带朋友来，并且我会待到你的画展结束时走，你放心好了。”

杨明义的不安是有缘由的。他从苏州国画院出去到美国留学，已经10年了，虽然他在海外、在异乡客地举办过无数次的画展，但观众中苏州人少得可怜，几乎没有，而此次展览无异于他正式回到苏州的一个“前奏”，这是他回到自己亲爱家乡办的第一次展览，他要向家乡人作一个全面汇报，“我在这10年、在异乡、在艺术上努力的成果。”但事情往往是这样，你越想办好，却越不能顺当。与王己千想在苏州办展览一样，杨明义自己也遇到了“种种原因”。总算到最后，相关事宜大体上都准备好了，可展览开幕的时间却又有了变化，因为有人说国外来的人政治情况不明，要请示省里有关领

CHINA ART WEEKLY 总第296期

美術報

1999年7月
19
星期一
（本期八版）
国内统一刊号：
CN33—0071
邮发代号：
31—10
国外发行代号：
4773D

旅美画家扬明义返苏州从艺，圆了——

十二年归国梦

本报苏州讯 长峰报道

根据国家制定的对我国海外留学生“来去自由，学成归国，报效祖国”的政策，中国旅美画家杨明义终于圆了12年归国梦，于日前从美国返回江苏省苏州国画院，并开始在故土上从事国画艺术创作。

杨明义，1943年生于江苏省苏州市，1958年就读于苏州工艺美术专科学校，1962年毕业后留校任教，“文革”后调入苏州国画院任专职画家，1981年在北京中央美术学院深造，得到前辈艺术家吴作人、李可染、吴冠中、黄永玉等指导，1987年赴美国留学，先后就读于旧金山艺术学院和纽约青年艺术学生同盟学院。此后，杨明义在艺术上取得不菲成绩：为中国驻联合国大使官邸创作水墨画、创作的“杭州西湖”特种邮票在世界邮政博览会上首发、水墨画“月夜古桥”被美国前总统布什收藏、所作插图获全美优秀插图奖；分获美国美术家称号、全日本艺术赏、全球中华文化艺术薪传奖得主；世界杰出华人艺术家称号。在美洲、欧洲、亚洲举办了20余次个人画展、出版多类画册、文集20余种。

获得多种荣誉的杨明义，洋装在身、心系中华。每年1至2次的回国采风、举办画展和为苏州有关单位捐赠书画作品，已不能满足他对故土的渴求。从1993年起，他开始了长达6年的要求返国回原单位苏州国画院的申请。功夫不负有心人。历经周折，在中央、省、市、局有关领导的关怀和支持下，杨明义终于如愿以偿，今年6月16日正式获得批准。

如今，在苏州老家“近日楼”画室里的杨明义，难以抑制其欢愉的心情。他表示：回到苏州国画院后，一定把海外的学习成果进一步发展广大，不辜负父老乡亲对我的期望，在艺术领域中为中华民族作出自己应有的贡献。

作品介绍

▲杨明义 **晨牧** 彩墨纸本
54.5×54.5cm 1991

1999年杨明义经过多年的努力申请，在有关领导的支持批示下，终于结束了他十余年的旅美生涯回到了苏州国画院工作，此为当时在《美术报》上的报道

导，就连时任苏州市长的章新胜也弄不明白，在电话中他不解地问杨明义：“不是定好的时间？不过，时间改了我也要来参加你画展开幕式的。”

开幕前，陈逸飞由北京直飞上海，然后又从上海驾车提前来了苏州。“那次展览中有我精心创作、认真地道的实地写生作品，这些画和我的挥洒自如的水墨画形成了强烈的对比。”

当时苏州的媒体将那个开在初春的展览，称作盛况空前。杨明义美校时的校长贺野，也在画展开幕两天前写了一篇题为：《阳春白日风花香——写在杨明义画展举办之际》的文章，发表在1997年2月12日的《苏州日报》上，介绍杨明义和这次画展。文章说：“……明义所以能够如此，在于他的才智、勤劳和机遇，更在于他是苏州土地孕育的艺术家……”他希望爱好艺术的人们两天之后，能去看一看这个给昔日的校长带来欣慰的学生的画展。

踌躇满志的杨明义回到他日思夜想的家乡，准备在自己的工作单位苏州国画院好好工作，再做一番事业。但在回到故乡办的第一次画展，期间种种已让杨明义领略到了一点什么。“虽然在美国多年，但心里还是觉得祖国最亲。我可以利用在海外建立的关系，邀请海外的画家来国内办展览，也可以请国内的画家到海外去展出，但可惜，我希望开展的这些有益活动都未得到

1997年杨明义专门为苏州人民代表大会委员会大厅创作大幅《江南春雾》，作品受到苏州人大委员会的嘉奖

支持，也没得以实现。”

1987年，杨明义是经市有关领导批准同意赴美国自费留学。1991年，完成学业、从美国纽约青年艺术学生同盟毕业后的杨明义，就开始提出申请：“要求返回原工作单位苏州国画院，继续从事中国画专业创作。”

然而，那原本杨明义最熟悉不过的地方，却竟失去了他原来的画桌、画室，他心中的孤寂、苦楚、失落、陌生，没有人知道，那时的杨明义太需要人们的理解了。但，这也并不是人们不理解杨明义，毕竟，杨明义淡出人们的视线已有十多年了，理解需要时间，理解需要过程。

终于，时间到了1999年6月21日，杨明义兴奋提起了笔，写下了大大的两个字“鸣谢”。

杨明义拟写了一份“感谢信”，他在那里面写道：

“……我于1993年起不断反复提出申请，要求返回原单位苏州国画院继续从事中国画专业创作，期间几经周折，困难多多。在中央、省、市、局各级领导的亲切关怀和支持下，此事终于在1999年6月16日正式获准。在此深切感谢您百忙之中对我申请回国工作给予的亲切关注和热情帮助，我回原单位苏州国画院后，我一定会把在海外的学习成果进一步发展光大，不辜负大家对我的期望，在艺术这个领域中为我们中华民族作出自己应有的贡献。”

他的老师吴敦木知道后也开心地说：“我那时就关照他，留学回来，要回苏州国画院。”也就在那年，杨明义在他的近日楼里创作了一幅名为《春消息》的水墨画，他太兴奋了，他在国外游历了12年，“时隔多年，再回国，一切就要重新奋斗，需要人们重新认识我的水乡创作。”而这幅《春消息》，不仅有“漫卷诗书喜欲狂”的情味，更是兴高采烈的杨明义用艺术的手法向所有爱他的、喜欢他作品和他所爱的人们发出的信息：我杨明义回国了，回到了故乡，我的作品还是一如既往地以水乡为主题，请大家关注，请给予批评。“我还是要画我心中的江南水乡。”

平和简静为上

天空，它横在屋顶上，
多静，多青！
一棵树，在那屋顶上
欣欣向荣。
一座钟，向晴碧的天
悠悠地响，
一只鸟，在绿的树尖
幽幽地唱。
上帝呵！这才是生命，
清静，单纯。
一片和平声浪，隐隐
起自诚心。

——魏尔伦

杨明义在用他的心画他心中的、眼中的和梦中的水乡，他想得到人们的重新评价，重新认识。他专心画画，还在尝试新的手法。比如，用水墨水彩画出油画的明亮与层次效果，比如尝试多元色彩的运用。杨明义说：“画画是最好的享受。虽然也遗憾于今天在苏州，当代艺术与城市文化、生活的契合度远不如上海等地，但作为一个艺术家，能尽一生努力画好水乡也足矣！”

他又开始了新的征途跋涉。他的作品依然在人们的视线当中，不仅在苏州，还在北京，美国。

1999年，杨明义的心里好像有许多话要说，但他更多地是用他的作品和行动来表达。他捐款给他心中分量很重的母校——马医科中心小学，成立了一间“杨明义艺术室”；这一年，由他自己执笔完成，真实记述从师交友，与华君武、李可染、黄永玉、吴冠中、程十发、唐云、周思聪、卢沉、陈逸飞等在近日楼或品茶交心，或挥毫授艺的往事汇集《近日楼散记》一书，由江苏美

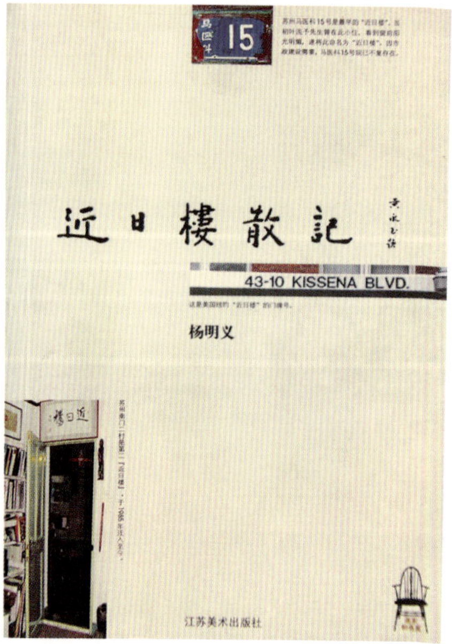

江苏美术出版社出版了由黄永玉题书名杨明义撰写的《近日楼散记》

由陈逸飞用英文题名，苏州古吴轩出版社出版的《旅美十年
杨明义速写集》

术出版社出版；还在苏州美术馆举行此书首发式的时候，杨明义又“趁汤下面”将自己收藏近现代名家中的200多幅书画作品办了个“近日楼藏近现代书画名家作品展”；《旅美十年——杨明义速写集》也由苏州古吴轩出版社出版；也是在这年，杨明义获得了中国鲁迅版画奖；由他创作的一幅《雨中江南》被在美国举办的“20世纪末亚太艺术大展”评为银奖……所有这些都是在这一年——1999年。

“人生是美好的，也是短促的。

而十年的光阴对于美好人生来说却是一段不短的时间。

这十年我去了美国，在这样一个令许多人向往的国家里留学，为了艺术，也为了满足自己对外界的好奇和憧憬。现在，再回头想想，真不知道这段不寻常的日子是怎样过来的，但我可以骄傲地说，不管环境、条件如何改变，我始终和自己热爱的艺术相依为命，并为它不懈地努力。其中的甘苦和不易，只有我本人和在异国的我的家人最清楚。”

这是杨明义在他那册《旅美十年——杨明义速写集》序言中的话。这一年，“回归”的杨明义忙得不亦乐乎。他说：“我要重新拓展我的事业，我会为艺术坚持走下去的。”

曾有一位年轻的记者恭维杨明义说：“您的画，虽然画面简单，但是给人留下的想像空间丰富……”杨明义马上纠正说：“我的画是简约，不是简单。”

作为一个艺术家，杨明义对生活的挖掘和感悟比常人深刻，他将淡雅的粉墙黛瓦，迷人的吴门烟水，流动的花光水影以及屋宇门窗、石桥驳岸、小舟渔网等江南特有的元素，经过艺术提炼，以最少的笔墨反映最深层次的意境，简约表现这些生活中的美。他在水墨淋漓、清新婉约的画面中竭力显示真实生活的一隅：或人家内室、或行人风采、或鹅鸭嬉戏……亲切而不乖张，这正是艺术的最高手法和境界。

中国古代书画理论有“平和简静为上，剑拔弩张次之，媚俗狂怪更次之”之语，如果用定好的标准来“套”杨明义的画的话，那杨明义的绘画当属平和简静的。

对于“中国画的现代观”，杨明义认为，不同时代画家所看到的风景，以及看风景所受到的启发和感受是不同的，表现

1997年杨明义“旅美十年速写展”在苏州举行

杨明义在他的“旅美十年速写展”开幕式上和母亲合影

1997年12月杨明义在吴江黎里冒雨写生

自然也不同，并不需要刻意地去塑造现代中国画，而是要用画笔画出自己心中对自然的感受，还有画面本身所营造的意境，“要有自己的东西”。早年在学画画时，杨明义临摹过许多中国古画，如元王蒙的《惠麓小隐图卷》、明陈洪绶的《归去来图卷》，还有《八十七神仙图》等等，可以想见，杨明义的传统功力不可谓不深，但一旦落在他的笔下，画出他眼中和心中的江南水乡时，情怀和意境却与这些古画完全不同，这在前辈名家林风眠对杨明义说的那句话中已得到肯定，杨明义也有心要开创出有他自己风格的中国水墨画。

那位被赞誉为20世纪美术界的领袖的林风眠，在他的绘画创新中首先吸取了“印象派”的光感与色彩，其次又将马蒂斯的装饰性，以及毕加索的几何主义的意识，运用中国的笔、墨、色彩以及中国画的写意精神，融会了中国的线条与“意象”思维意识，在中国的宣纸上表现出了一种以西方意识为主导的“中西结合”的艺术形式。而杨明义却是在美术界还没有对林风眠有足够承认，还没有当他是“领袖”的时候，“就很喜欢上了他。那时只要展览中有林风眠的画，我都要赶去上海看的，我那时就有一种感觉，林风眠画中表现的情调也正是我心里的追求。”

正是因为杨明义觉得林风眠笔墨中的氤氲，能够体现江南那一种别样情韵，很“符合”他心中的江南，所以杨明义更为大胆地放开手脚去创作他的水墨画。“将西方的水彩方法和东方的水墨融合在一起，又要没有痕迹。西方是表现光线、表现立体，东方水墨是表现线条、表现感觉、表现从内心出发的情感。”林风眠对杨明义创作的颔首，更让杨明义有着一股勇猛精进的气势，他用了12年的时间从东方到西方游历、学习、创作，杨明义的视野，已不是固守书斋中的画家所能比的了，他不会坐井观天，他已接受了西方的那一套“光线、立体的表现”，自然地融合在他自己的创作中，又加入了他永不言弃的东方精神、江南水乡的情结、意境。他不断地学习，努力寻找他自己的绘画语言、独特风格，他要努力达到黄永玉早年就和他说的那一句话的程度：“要每一笔都是姓你杨。”

现在，杨明义已经有了他鲜明个性的艺术语言。

但愈是个性鲜明的作品，也就愈容易被人“克隆”。回到祖国的杨明义，对故乡的变化，他有点准备不足，因为“美国再过几十年还是这副老样子，而我们国内，北京、上海，还有家乡苏州却是日新月异，变化令你目不暇接。”更令他惊诧的是那些形式上摹仿于他的水乡画作，竟也有一定的市场。

画廊界曾有人对他说：“杨明义，你是世界上最倒霉的画家，你创造了画风却让别人收益。”一位记者问杨明义：“有人摹仿你的作品，还取得了一些经济效益，你怎么看待的？”率直、大气的杨明义说：“那说明我的画有值得借鉴或仿照的地方。一个以表现家乡水乡为主题的画种光靠一个人的努力是不够的，必须有几个人甚至一个群体共同努力。如果仿照得可以乱真，甚至超过原作，又有什么不好呢？可以逼我做更大的努力，去丰富、发展、完善我的水墨江南水乡画。400多年前，苏州就有一批人专门仿照仇英的画，分成好些个流派，但丝毫无损仇英的形象。”

杨明义的自信是没有人可比的，就像杨明义用艺术的锐觉发现周庄那样。杨明义早年在版画创作上就已取得骄人成绩，他曾自豪地说：“现代中国版画史上的每一本书都会有我。”现在，在中国画领域里，杨明义又创造了一种全新的水乡画法，这也是不争的事实，著名画家亚明在一幅作品的题跋中说：“杨兄自幼喜丹青，先捉刀写画，稍后提毛笔专写江南，自成面目，随之一群画人皆以此写来，艺贵独创，明义是也。”水乡情韵只有杨明义的那种笔墨表现得元气淋漓，氤氲细致。

中国绘画并不是一开始就是独立的一门艺术，它与大美术紧紧地捆绑在一起，到了战国的这一历史时期，绘画才逐渐从大美术的范畴中、从青铜工艺美术中分化出来，独立向着自己的深度发展。绘画自身又经过了近2500年的发展，才形成了各个时期的高峰。从魏晋南北朝起，历经了隋、唐、五代、宋、元、明、清，中国的绘画趋于了全面繁荣，其技法、形式也趋于高度成熟，名家辈出，流派蜂起。但是，中国画的艺术家们，在攀登这座艺术高峰的征途上，在对待历史遗留下的宝贵经验——“师古”的问题上，却产生了两种截然不同的态度：一种是“泥古而不化”，另一种是“师古而化之”。明末清初的石涛就是其中有成就的一位。他的“笔墨当随时代”不仅影响了他所处的时代，更冲击影响着现当代的画坛。

一位空下来也画画的诗人车前子是这样评说杨明义的画的：“杨明义的画像画在瓷器上，玻璃上，拿起来对着光一照，清新，透明。”

“是他最早把他的故乡苏州——往大里说也就是江南水乡符号化的。他搞出了一套江南水乡的符号，让一些人有饭吃了。”

思想家陈丹青用睿智的语言这样评述“明义老师”的画：“杨明义的用水，一如暮春时节的雨意弥漫，淹然渗透纸背；他的用墨，属随类赋彩的性质，不能作单色看，因江南的阴云，民居的屋瓦，水面的渔舟，其本色与基调均天然接近墨色，含蓄着‘乌’与‘青’色的况味，再经画家在墨痕中点缀春草青苔的薄绿，村姑鲜艳的衣巾，更反衬了作为基调的墨色的色彩感。姑苏人氏杨明义的乡怀与技艺徜徉在水乡和水墨之间，诚可谓得其所哉”。“要说当代描画水乡的作品，杨明义先生画得好、画得早……相对于早一辈中国新美术开拓者划时代的、革新的艺术追求，杨明义的路子显然是个人的、改良的……多年以来，杨明义虽则欣然幽游在水墨笔趣中，他所眷顾的仍是自己的故乡和家园。”“去国十载，他仍流连往返于纸面上的故园……连偶一为之的异国小景也薄蓄乡怀，然而依旧悦目，平和……”

曾在国民党时期担任台湾故宫博物院院长18年之久的秦孝仪，2007年的1月4日傍晚因心肌梗塞复

1996年秋，台北故宫博物院院长秦孝仪接见了正在台北举办回顾画展的杨明义

发，紧急送医不治病逝于台北振兴医院，享寿87岁。

也是这一消息，让杨明义又生发了追思之情。那还是1996年的秋天，因杨明义的江南水乡水墨画创作风格清新，题材独特，让人看了“心里发颤”，台北方面决定给杨明义颁发“全球中华文化薪传奖”，那位有着记录并撰述蒋介石遗嘱的传奇人物，就在那年于台北故宫博物院接见了杨明义，赞赏杨明义的江南水墨作品的新风格给他留下很深的印象，还亲手在杨明义的西服上别上了一枚故宫博物院的徽章，这在台湾故宫博物院来说是高尚的礼遇。

早在大陆时期，秦孝仪就以28岁的年龄，成为蒋介石身边最年轻的文胆，深受蒋介石与宋美龄信任，成为“口含天宪”的要人。到台后，秦孝仪仍备受蒋宋夫妇的信赖，同时历任党政要职，并曾担任国民党副秘书长十余年。不过，他最为台湾人民所知的是蒋介石过世之际，他承宋美龄之命，为蒋介石草拟遗嘱，并

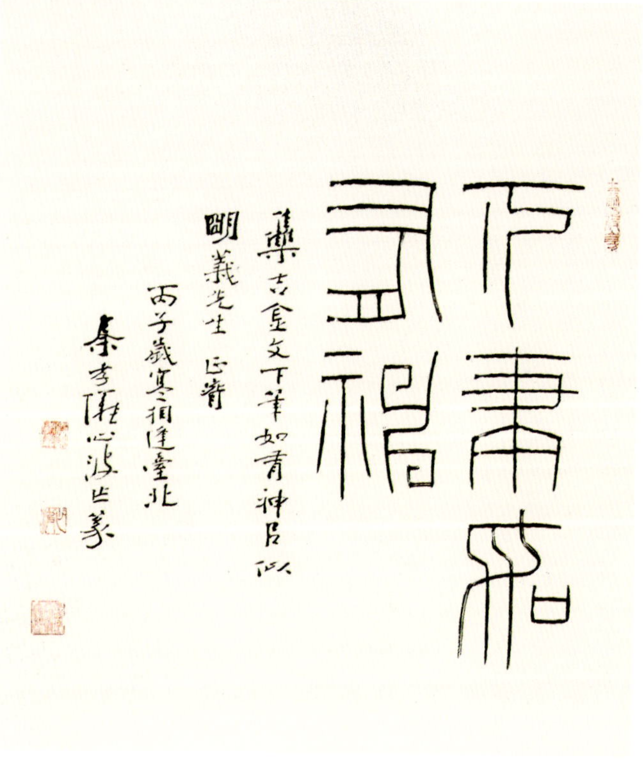

秦孝仪为杨明义在台北国父纪念馆举办的画展题字“下笔如有神”

1997年在“杨明义旅美十年画展”上和阔别多年他的学生们合影

成为台湾中小学生必背的共同教材。因此，近年大陆出版的《中华民国人物传》，还曾将秦孝仪誉为“国民党的第一支笔”。

“第一支笔”的眼睛对杨明义的江南水乡水墨画也是青睐有加的，1996年杨明义于岁寒之际在台北国父纪念馆举办画展之时，秦孝仪曾写下：“下笔如有神”五个集金文字，说是请“明义先生正腕”，并派专人送到杨明义画展会场上。实在他对杨明义作品的褒奖也是跃然纸上的。时人曾梦寐以求为能得到这位“蒋介石的文胆”的墨宝而多方求教不获，而杨明义却能得其赞赏，并为之欣然题词，足可见他对杨明义作品的肯定。

被看相的人称作“南人北相”的杨明义，有豪气、有侠气、有义气、更有大气。他创造的那种水乡题材新的画法，也是一种赏心悦目，生面别开，为人接受的画法，可也的确成为被人摹仿、抄袭的画法。事实上，杨明义的画让一些人有了饭吃，但大气的杨明义对那些模仿图式，混乱、毫无个性可言的所谓水乡画，并不介意。但不介意并不等于不关心。“这不是对我一个人的事，这是艺术、艺术市场的事，我想在适当的时候还是应当说话，因为艺术作品和艺术家都应该受到尊重。”

事实，也不仅证明那些模仿之作是没有生命力的，还说明真正的艺术作品会经得起时间、经得起市场的考验。2006年10月5日，苏州举办了一场“金秋名家书画拍卖会”，其中大部分为苏州书画家的作品，五天过后的《苏州日报》，有记者撰文称这场拍卖会是“了解苏州书画家作品市场行情的难得机会”。但是“绝大多数为地区价”，接着记者引用一位不愿透露姓名的业内人士的话说：“真正走出苏州、走向全国、走向世界的画家恐怕就数杨明义了”。

苏州的书画家的确有着传统功力，但在书斋中的日子久了，难免不生出厌气，而杨明义的见解总是那么鲜明：“苏州变化真大，可用翻天覆地来形容。只是古建筑被蚕食得越来越少了，水乡景象也

1997年杨明义把家传的颜文梁父亲颜元作品《松鹤延寿图》捐赠给“苏州颜文梁纪念馆”此为捐赠仪式

少了，这是很可惜的。应当把老祖宗留下来的有价值的东西保护好。苏州书画家很多，其实力和成就不仅在全省而且在全国也占有重要地位，但不能因此而自得，应当不断打破封闭自居心理和观念，走出去，把苏州的书画艺术介绍给全国和全世界，同时注重吸收各地、各种营养来丰富和完善自己。”

那位很仔细、很有耐心的记者这样描述这场金秋拍卖会：

这场拍卖会从5日下午1时一直拍到下午5时，历时四个小时，记者全程参与。在此过程中，记者发现，尽管拍卖的作品多达360幅，撇开书法不谈，山水、花鸟、人物题材类同，缺乏新意，闭门造车、深居象牙塔内的痕迹十分明显，鲜见时代气息，倒是充分反映了书画家的闲情逸致，陷入“同类题材超不过古人，老套题材得不到当代人认同”的尴尬局面，“反映时代的东西才能得到时代的追捧”。也是在这篇报道中，记者勾勒了一幅书画作品价格的组成大概：一为艺术功力，二为市场需求，三为知名度，四是存世量，五是稀缺性。

杨明义的艺术功力不可谓不深，他的作品的前景需求也不容置疑，他的知名度也是界内界外都有所耳闻，还有重要的一点是，杨明义的作品不滥。

杨明义从不“拆烂污”画画，也从不应酬画画，在他画桌下有着画得不满意的画和画坏的画，但一张也不流出去。对待艺术创作，杨明义是一向严谨的。他认为，“艺术家的思想应该走在一般人的前面，去告诉观者他对生活的看法和对艺术的追求，启示大众对美的新的理解和认识，而不是像某些画家一味去迎合他人的爱好，为了眼前的小利而迷失自己应该走的道路。”他的母亲被告知：“如有人转弯抹角向您来要我的画，请不要为他打招呼。”连一位在苏州书画市场做“掮客生意”的人，也不得不叹服说：“杨明义的画倒是从不轻易流入市场的。”

难怪杨明义的作品价格一直坚挺， 2005年9月“诗画江南——杨明义画展”在北京亚洲大酒店成功举办，那次由荣宝斋画院、北京荣宝拍卖有限公司和荣宝斋杂志社主办的画展，展出杨明义的60多幅作品全部售出，也是在那次画展上，他所有作品统一定价，均为每平方尺1.2万元。

艺术市场的发展过程是艺术垃圾的淘汰过程，更是有着市场潜力画家画作的升值过程。“诗画江南——杨明义画展”共进行了三天，前来观展者络绎不绝，开幕当天就预售出大半，这也说明无论是杨明义画展的影响力、吸引力，还是最后作品的销售情况，都是市场跟着艺术走的直接反映。

“现在一提到画，就问你多少钱一尺。我画了多少年才2000元一尺，你画了没多少年倒是5000元一尺，这样子心态就不平衡了。以前是为了政治很认真，现在是为了金钱很认真，但艺术呢？所以艺术家的路很难走的。”杨明义的话很深刻。

有着一颗爱国心、平常心、仁爱心的杨明义，深知一位艺术家究竟应该做什么，怎么做。他捐、赠的作品不可谓不多，但都在特殊时间，有着特别的意义：国内遭受水灾，为献爱心，他捐；国外枪杀我留学同胞，为匡扶正义，他捐；母校创建美术教室，为下一代的美育教学，他捐；颜文梁纪念馆成立，亟需藏品，他主动捐赠自己收藏的颜文梁父亲颜元佳作：六尺整张《松鹤延寿图》……如此等等不一而足。

任伯年的学生颜元的佳作六尺整张《松鹤延寿图》

还在1992年，杨明义在美国举办个人画展的时候，参观的人群中有两位日本留美学生，她们在杨明义画的周庄前久久不愿离去，因为两位日本姑娘曾经到过中国，到过苏州，“杨先生画的周庄正是我们心中真正的周庄。”她俩很想得到这幅作品，但毕竟是留学生，阮囊羞涩，无力一次性支付画款，只得试探性地和杨明义商量“能否分期付款”，杨明义听后立即去和画展老板说情，终于让这两位日本留美女学生高高兴兴地离开画廊。但这种付款方式在当时的画廊界经营上是没有过的。杨明义以他特有的方法在传播中国古老的东方水城的形象和精神，在绘画市场上也凸现了他的与众不同。

1997年，杨明义回家乡第一次开画展的时候，一位在苏州工艺美校就读过、离校30多年的学生，知道昔日的老师回国办展，就约好同学一起来观展。令这帮同学怎么也没有想到的是，阔别多年的“海归”老师竟一点架子也没有，“在当年开幕于吴作人艺术馆的“杨明义画展”上与我们这些学生相谈甚欢，还和我们在《姑苏瑞雪图》前一起合影，还高兴地邀请我们到他的近日楼做客。更让我们感到意外的是，老师竟还送画给我们，在现今商品经济的大潮中，难得有老师送画给学生的。”那天杨明义把事先花了三天时间精心创作好的作品，给10多位学生每人一幅。这种做人的真诚、不势利，在现今大名气的画家中是难找的。

2007年年初，中国人口与发展研究中心主任马力在正式场合说，受“传宗接代”、“重男轻女”的传统观念影响，再加上B超和人流技术的发展，中国，尤其是农村，越来越多的人选择了生男孩子，“性别比失衡”。就在2006年，国家计生委筹拍一部有关中国男女比例失调的公益电影《美丽的音符》时，他们上门请杨明义创作一幅电影海报，当杨明义得知剧情需要他那种水乡意境作海报后，连忙暂停《江南百桥图》的创作，又无偿地精心创作了该片的电影海报。“作为一个有社会责任感的画家，我的全部感情是从小养育我的家乡馈赠给我的，我是水乡的儿子。”杨明义的心态从容笃定，画风平和简静，他的话也朴实无华。

1996年杨明义创作《江南瑞雪图》，作者把他在生活中不断获得的新的感受融化在他的作品中，使他的水墨画创作又达到了一个新的阶段

能见大义

在一个漆黑的夜晚，
心中燃烧着爱情。
呵，我悄悄地离开
宁静的住宅，
这是多么幸运！
世界一片漆黑，
寂静在四处蔓延，
我乔装打扮，
离开了宁静的住宅。
这是多么幸运！
——德·拉·克鲁斯

“能见大义”集泰山经石峪石刻拓片，现悬挂在北京杨明义近日楼的大厅内。

能见大义。

集之于泰山经石峪原的四个径尺大字，被杨明义觅到，精心装裱后挂在了近日楼一侧的墙上。这不仅仅是文人的风雅，还因那中间有一个“义”字，且是“大义”，杨明义颇为得意。“你看那字，多么开张，又多么温婉，还有那不关联的字被选集于一体，句子意思也焕然一新，真是好。”真是好的意思，是杨明义看见了中国古老书法艺术的精神风貌和它组合出的文字意境，也仿佛就是他的弥漫着大气却又温情的水乡水墨画的那一种意境。“早年我所见到，和现在所见到的描绘姑苏水乡的中国画，基本上皆没有能逃脱小家碧玉的纤秀、琐细的阴柔之气。我有时在想，去掉这‘柔’字。”这又是何等样的一种见识啊！这也是杨明义笔下的江南水墨水乡与常人所画的水乡迥然不同的地方，这种境界是无法摹仿、难以企及的！

一般的画家太专业于绘画，他们“坚定不移”地只在绘画中打圈圈，但杨明义的眼光好像与生俱来有着全方位关注艺术的本领。在编辑《近日楼散记》时，那位编辑曾多次去过杨明义在苏州的画室“近日楼”。在那里，他不仅观赏到了书中所刊印的那些画家的作品，而且还看到了杨明义琳琅满目的各类收藏品：有非洲雕刻，有中国佛像，有唐俑宋砚，有明清瓷器，有在台湾海滩捡拾的奇石异木，有在安徽写生时偶得的傩戏面具，还有许多从海外收集来的各国民间艺术品……旧房拆迁时留下的一块砖雕以及乡村古冢残缺的一方石刻都为杨明义所钟爱不舍。其中确有价格不菲者，但也有不少藏品并不值钱。杨明义说他收藏的是爱好，收藏的是文化，收藏的是历史，收藏的是艺术而并非金钱。藏品虽尚未蔚为大观，却也林林总总不下数百件，那位编辑不由地感叹，杨明义的近日楼“犹如一间小小的艺术博物馆。由此可见画家的追求和品味。”

杨明义之所以能自成一格、成为一位优秀的画家并不偶然。对传统文化关注并从中吸取艺术营养是人所共知的道理，杨明义在这方面可以说是为之努力不倦的。

程大利曾这样评述杨明义的生活：欣赏明义的生活，包括他的艺术，他的收藏，他的交游，他的阅读，总之，欣赏着他的状态——一个个性分明的艺术家的状态。

陆俨少在1960年赠杨明义的《细笔山水图》，1986年又加题诗塘成为杨明义一生的珍贵藏品

其实，艺术生活的文化情感常与一些看起来零碎的小物件拼凑在一起，但这既是俗常的生活享受，又是对中国文化精神的自然理解与精细品味。艺术与生活在这个层次上融合无间。它深入骨髓，深入到常人不可思议。所谓气质、风格、情调、韵味等等，都属于审美范畴的东西，往往就是被这样一些具有文化渗透性的家常琐屑浸染而成。杨明义从小生活在一个书香门第的家庭，那时他的“家里的红木家具、文房四宝、古董玩器，还有字画，总归还是有点的。”只是那个特殊年代，让不止一个像杨明义那样家庭的日常摆设和文房用具都灰飞烟灭了。爱国、爱家乡并不是空洞无物的，那种天长日久的文化熏陶，让杨明义铸就了一种永不言弃的东方精神、刻骨铭心的水乡情感和犀利敏锐的艺术眼光。

杨明义珍藏着一幅陆俨少送他的细笔山水画，那时他才十几岁，“我起先保存了20多年，到了1986年的时候，再带给陆俨少看，他又在上面给我题字，多珍贵啊。起先有人说5万块钱卖给他，后来又说10万块卖给他，后来又说20万块卖给他。现在有人讲已涨价涨到快60万了。如果我为了钱的话，老早就卖掉了。这是有感情在里面的。”

在20世纪60年代末和80年代中期的那段时期，杨明义接触了更多名家老师。“像林风眠、程十发、唐云都是我的老师。我从小就把作品带去给他们看，他们都很鼓励我的，就把他们的画送给我。这种画放了到现在40多年了，弥足珍贵，因为都是见证了我的艺术经历的，卖掉它，我怎么舍得呢？出再高的钱我都不舍得。因为每一张作品都有我的经历在里边，都有一份老师对学生的感情在里面，我现在一共收藏了书画精品200多件，所有每张纸每张画都是有一段故事在里面。”

杨明义珍藏的沈从文长条章草小字，即是“文革”甫歇沈从文暂时避居苏州时，冬日严寒，因杨明义买来了热气腾腾的小笼包子，沈从文暖着冻指，呵着气，一时兴起而逐字写下的。

汉元帝时代史游发明的这款书法纵然斑驳陆离，传到沈从文手中竟翩然复活了：秦代隶书的波磔还在，圆转方折的意态也在，不兴连写，字字独立，汉朝善书的人都可以凭这样的字入仕，沈从文写的这笔奏章体章草，汉朝人看见了也一样倾倒！但这对杨明义而言，这岂止是字？

1999年在苏州《近日楼散记》一书首发仪式上同时举办了“近日楼收藏现代名家书画展”

在杨明义举办的那次“近日楼藏近现代书画名家作品展”上，人们就看见了他的收藏品是那么丰富。这些作品有的也曾伴随着杨明义飞越大洋，又飞回故乡。“带出去是为了学习艺术，带回来是因为留恋艺术。”

“建国后的美术圈其实很多人是伪美术家，把它当一个行当，是一个交际手段，一个生存方式，我相信明义老师不是这样的。”这是当年21岁的陈丹青与时年31岁的杨明义，在结识了30年后对“明义师”的信任之语。

的确，杨明义没有将手上的名家画作来调剂他的生存状况。杨明义说他那时候出国真的是很不容易的，出去留学的学费都是很贵的，还要租房子生活，处处要钱，他身上就只“私自夹带”了300美金到美国，当时杨明义心里就是很紧张的，因为他“违规”了。初到异国他乡，有不少人提醒过生活拮据的杨明义，可以卖掉那些带来的艺术作品，可杨明义却说：“我收藏有很多幅画，在美国最艰难的时候也没有想过要卖这些画，每一张画背后都有一段故事，看见作品我就想起画的来历和画家的身影，那么珍贵，卖掉它们，等于把自己的灵魂都卖掉了。”

坦诚的杨明义说：“如果那时卖掉十张画，或者七八张，生活肯定是没问题了。也不是没有动过心，因为在美国太艰苦了。但回家把画打开一看，每张画都是老师画给我的，都有一个故事。想想老师为什么画给我的，当时的情形又都记忆犹新。如果这些画是像现在拍卖会上买来的，会上花5万块钱，你给我10万块我肯定卖了，赚5万块钱，这都是没感情的。但这些作品，像陆俨少的，吴冠中的，黄永玉的，吴作人等都是他们亲自送给我的，我翻看了这些画时眼泪都要流下来了，难舍难分，一个人总是有感情的，如果你把最珍贵的东西都丢掉了，你就是一个行尸走肉了。如果卖掉了，就好比是我人生中最珍贵的东西拿去换钱了，每次翻到这些画就心跳得厉害。所以我在美国就是依靠自己的力量生活、学习、工作了十余年，这几大卷画搬来搬去，最后还是原璧归赵的把这些画带回来了。屈指一算这批画都收藏了快四五十年了。”

1992年，在纽约打拼的杨明义终于买下了一套住房，结束了要依靠支付昂贵租金的租赁栖身的日子，家人和他一样刚刚感觉舒一口气。不料，天有不测风云，纽约一家专营他作品的画廊破产了，欠他5万美元画款的画廊老板也突然蒸发；相隔不久，台湾一家画廊竟欺诈杨明义3万美元的画款……杨明义赖以生存的两家画廊，倒闭的倒闭，欺诈的欺诈，杨明义只得又往香港、台北重新打筑新阵地。有家画廊老板因为先看见“杨式”的仿冒画作，竟将杨明义当成了“李鬼”，反而以为他是某人的学生，并提出要杨明义当着他的面进行现场创作……但杨明义没有被这种种打击击溃，他仍然以自己的努力、不屈和坚韧开辟了自己在东南亚绘画市场上的又一方新天地。

与现在眼下一些收藏家比起来，杨明义自谦算不上收藏家，但著名书法篆刻家、《颂雅风·书法杂志》副主编石开曾说杨明义不仅是个大画家，还是一个大藏家。石开的一番“侃侃而谈”，又引得一家杂志社专门派员上门采访杨明义。

杨明义只淡淡地说：“我怎么能算是收藏家呢，我就是一个画家。我的事业，我最重要的事就是画好我自己的画，我在人生经历之中看别人的画也保存一些书画、文物，目的是为了吸收人家的优点，把好的东西放到自己的作品中去，丰富自己的艺术创作。所以，我不算什么真正的收藏家。”

从小喜欢画画，天生就对书画、文物喜欢、敏感的杨明义，博物馆、文物商店、古董地摊是他小时候的“白相地方”。“当时我生活的苏州，以前好多名画家都在苏州生活过，像明代四大家，到了清代，民国也是，吴昌硕也在苏州生活过，任伯年也是。所以当时那些画都很便宜，但是再便宜我当时也买不起，所以只能看看。收藏，想都没想过，虽然是很喜欢，怎么买得起呢？其实那时是很便宜的，像吴昌硕的扇子，正面画梅、兰竹的，反面写字，就五块钱一把。还有吴昌硕写给苏州朋友的信，就摆在书摊上，几毛钱一张，但那时生活条件很差，几毛钱也买不起。”

20世纪60年代，在美校已是一名老师的杨明义，工资很微薄。他记得一次学校教务处给他50块钱，让他去买一些学生写生用的瓶瓶罐罐什么的。“我觉得那时的50块钱就像我们现在有了100万样子。然后我就去文物商店，看到那些宋代的瓶子，就几毛钱，一块钱一个。有的有一些瑕疵，但用作写生，转过去一下就可以了，颜色造型都非常好，还有梅瓶，陶罐什么的。我在文物商店给学校资料室买了很多东西。当时还看见了任伯年的两幅画，就六七块钱一张，画得相当的好，还是装裱好的，就给学校买了。自己那时买不起啊，就这样，我给学校买了很多东西。当时我自己只好买些顶便宜的，一些很好的国民时代的杂志和古书籍，还有汉代的画像砖、片等等，这些都是很便宜的东西，但很珍贵，好多都有名人的题字。我上课时拿给学生看，当作教学示范实物。”

这些话如果让我们现在一些人听见，不知道要生出多少羡慕之心和懊悔之心了，但杨明义很平和，他那时就那么点收入，他只能给学校添置那些“家当”。至于“收藏”，他说，“现在社会上有些人收藏完全是出于经济目的，看哪个要涨价了就投资哪个，根本不是出于自己的喜好。据我所知，现在90%以上的收藏家都是这样。收藏不要像买股票那样，比如看见书画要涨价了就大量买书画，这完全是为了赚钱。赚钱有很多种，不一定要这样。”

杨明义的收藏跟别人是不一样的。“我完全是为了自己的艺术，自己的画，为了丰富自己的艺术。一件好的艺术品可能会影响你的艺术风格，影响你的艺术人生，所以我不是一个合格的收藏家。我觉得一个画家首先要眼光很厉害，要有好的审美，锐利的眼光，能分辨美的丑的，你的收藏就会养眼，有一个美的信息传递给你，对你本身的艺术涵养，对你本身的个人素质，对你本身的文化内涵，都是一种潜

2006年杨明义拜访吴冠中老师

杨明义母亲和杨焕九岁时创作的木刻画《盘门三景》

移默化的增长，一种积累。”

电视里的鉴宝节目，把中国人一下子都教育成了收藏爱好者，仿佛国中的东西都成了宝贝，仿佛真是到了一个收藏的盛世，仿佛收藏者都可以成家。一窝蜂搞收藏的收藏家，却鲜有杨明义那种对收藏的见地。

但也有画家却不搞收藏的，杨明义说：“像吴冠中家里就什么都没有，空荡荡的。以前他到美国来，我陪了他十几天，我说吴老师我送一个非洲木雕给你留作纪念吧，他说，杨明义啊，我什么都不要，生不带来，死不带去。因为什么都留不下来的，世上只有艺术能留下来。这句话我到现在都记得很清楚，我那天还跟他讲过。他家里什么都没有，他不在乎金钱，不在乎虚假的名誉，不在乎所谓的大师头衔，但他却是真正的大师。”

就在2006年8月的一天，三伏天里的北京，很闷热，杨明义和荣宝斋杂志主编唐辉一起去探望吴冠中，虽然那年吴冠中已87岁高龄了，但还有不少新作问世。这让杨明义更感受到前辈艺术家的执着、勤奋，“他对我说，‘杨明义，你现在正是一生最好时候，是干，画出好作品的时候！是向前冲的时候！’吴老师激情的话语，也顿时使我觉得浑身的劲一下子上来了。”

真正让杨明义感到收藏的快慰还不止于感观上的“养眼”，还有感情，心历，还有他的舐犊之情，因为他亲眼看见自己的儿子，有了他自己的眼光……

2005年的一天，杨明义的儿子杨焕居然凭借他自己的眼光，花重金购得了一幅傅抱石于1945年在四川所作的仕女图——《绝代有佳人》。傅抱石画的是杜甫诗意图：天寒翠袖薄，日暮倚修竹之意境。画中站立一美女，脸上略施粉黛，发插碧簪，身着半透明黑色笼纱长袖衫，淡胭脂色长裙垂落在地，胸口露出一小块朱色内衣，白色的薄薄的绸带披在肩头绕在手上，她微微地仰头，婀娜中又多了一股令人心动的傲气，画面右侧和上端傅老用花青随意画出修竹，又在所画青竹中稍加双勾，下端的坡上落有青赭色苔点，疏松又大气，在不经意中流露出作者的工整、严谨。

杨焕也许是受父亲杨明义的熏陶，自幼就喜

刘海粟赠杨明义书法作品

1973年秋黄永玉在苏州光福小旅店灯光下为杨明义画猫头鹰

1985年吴冠中在苏州马医科近日楼画室中为杨明义作绘画示范时的手迹

欢绘画，小学三年级时曾作木刻绘画作品获全国儿童绘画比赛金奖。1989年，11岁的杨焕为了和已在美国的父母一起生活。他就独身一人坐飞机到美国。在美国的日子里，小小年纪的杨焕跟着父亲拜识纽约大收藏家王己千、王方宇等前辈，耳闻目染，更对艺术痴迷不已，他常常闭门在家练习书法绘画，学习中文。然而考大学前，他却改变了兴趣，选学金融，直至毕业，在纽约世界金融中心工作两年后，他突然决定致力于艺术品收藏，用他打工赚来的微小积蓄，和他独到的眼光、智慧和胆识，开始他人生新的征途和生活。在美洲、欧洲、东南亚走南闯北，在艺术品的各种大小拍卖会上，找到许多意想不到的流落在异域的珍贵的中国字画和文物。

“在许多感叹和教训中，我常常在半夜或清晨时接到他来自大洋彼岸的长途电话，传达他在各种拍卖场中的信息，不断同我交流对某艺术品的看法，短短的二三年来，他已渐渐积累了一批可观的中国书画的藏品，除了传世的明清时期一些名家作品外，还收集近代张大千、齐白石、徐悲鸿、溥儒等名人的佳作。在实践中，杨焕的鉴赏水平和经验亦不断在提高。”

不要说杨明义谈到这个儿子感到自豪，就连很久没有见到孙子的杨母吴秋英老人一提到大孙子，也高兴得合不拢嘴，她说：“小时候蛮好睡睡觉的，却突然跑到我的房间里说要和我睡，我说各睡一个被窝吧，他却说不，一定要钻进我的被窝搂着我睡觉。”笑声朗朗的杨母吴秋英老人现在还保存着一幅杨焕的木刻作品——《盘门三景》。这是杨焕的早期作品。“他小时候要我陪着一起去画的，画了不少时间。”含饴弄孙的祥和、温馨溢满了杨母秋英老人的笑靥。

1993年唐云为杨焕题字“欢天喜地”

杨焕在美国收藏的傅抱石在1945年在重庆创作的《绝代有佳人》

想到自己在19岁的时候有幸拜识海上名家唐云，而30年后自己的儿子也是在19岁的时候拜识这位名家，杨明义不禁感叹时光如白驹过隙。

那是1963年，杨明义带着他的习作去上海请教唐云，捧着茶壶的唐云笑呵呵地看后对杨明义说：“你的画有自己的风格，照这样画下去很好。”还仔细地给杨明义讲解挂在墙上的金冬心、罗两峰的作品，又画了一幅“兰竹图”，题上“明义小同志属画，一九六三年夏杭州唐云”后，送给这位明义小同志。

1993年也是个初夏时节，杨明义带着弱冠之年的杨焕，约上苏州的钟天铎（唐云高足）又一次拜访了唐云。而此时的唐云已放下手中的茶壶，端起杨明义从美国带去的50年法国窖藏葡萄酒，不断向杨焕打听中国字画在纽约、香港市场的行情，“席间充满了欢声笑语”。饭后，还特意给杨焕写了“欢天喜地”四个大字（欢谐音焕），赠杨焕留念。

现在杨焕梦寐以求得到了那位《绝代佳人》，他又和父亲杨明义再三延请才、学、识都堪称当代俊杰的陈丹青，请他来题傅抱石仕女图诗塘。这一文化雅事又被杨明义写成短文，补充进了新近又再重版的《近日楼散记》中。陈丹青的题文为：

抱石先生此画作于民国三十四年，时抗战初歇，美杜鲁门总统由马歇尔将军亲率来华调停国共，临去蒋夫人宋美龄乃亲赠此画于使团成员米拉德·赛尔先生。赛尔先生归美藏此画于新泽西故家六十载。今春，遗其子未久此画以二百五十元售于其友，旋于中秋转让为杨焕所得。岁阑，焕携此画来京张于西壁，炫耀一时。观抱石此作，简古清奇，局面空疏，为其同期作品所罕见也。今遵明义师父子嘱题其上，诚惶诚恐，幸何如之。乙酉冬丹青书于近日楼。

杨明义高兴地说：“我想眼前这张由陈丹青题诗塘的傅抱石佳作应是杨焕众多的收藏中的宝中之宝了。”杨氏父子真是与艺术有缘。傅抱石在那幅“绝代有佳人”上钤有一方细朱文“乙酉”的印章，而时隔60年，正好又逢“乙酉”年，只是物是人非，举目凝望佳人的主人已换作翩翩少年了。

北京的日子

当世界还处于最深的深渊，
还偎在上帝永恒的怀抱里，
他便带着崇高的创造之乐，
安排混沌初开的第一个钟点。
他说出了那个字：变！——
于是传来了痛苦的呻吟，
随后便气势磅礴，雷霆万钧，
宇宙闯进了现实中间。
——歌德

1999年，当北京三里屯的酒吧中，一些出手阔绰的人们往贵里叫着伏特加、斯米尔诺夫，狂热地喊唱着老狼、羽·泉的劲歌时，杨明义就默默地下了个决心：要到北京发展。

北京优美，壮丽，庄严，神圣，是中华古国的象征。但在杨明义眼中，北京已不仅是常人对北京的印象了，北京是中国艺术的中心，也是中国向世界开放的一个最大窗口。

和所有“北漂”的人一样，到北京发展又谈何容易？杨明义北京之迁又是在怎样一个心境下完成的呢？苏州那一处熟悉的地方一时没有他的位置，他的心是苦的，他想等待，想等待人们的理解，但“时间我浪费不起”，一寸光阴一寸金，杨明义知道他走的是自己的路。

陈丹青说过，传统山水国画未有半是市镇半是村野的水乡题材，而水墨水乡画的题材来源于江南，“始作俑者”又是杨明义，但要展示这一题材却非要到大都市不可。杨明义在经历了十多年的异国之旅，已经从国际大都市中领略过艺术界的况味，在他回到祖国的那一刻，他心中已描绘出一幅对未来憧憬的美好图画。

说实话，把家搬到北京，是要有点勇气的，杨明义在44岁时出国，到美国游学十多年，回来时已是五十多岁了，“一切又回到起点，从头开始”。的确，杨明义的北迁不亚于他的出国，杨明义认真地说：“到北京发展，无疑于又一次‘出国’，只是到了一个讲普通话的‘国家’。”

北京，对杨明义来说既熟悉，又陌生。

还在1980年，杨明义就读于中央美院版画系进修班，参加了中央美院的首届版画进修学习。那情景他是多么熟悉啊！当时杨明义是要报考中央美院版画系研究生的，因为种种原因，错过了机会，杨明义只能参加中央美院的首届进修班了。当时苏州文化界段东战、钱璎等许多老领导是很支持杨明义

1980年中央美术学院版画系首次举办进修班，此为班上同学们和彦涵（中）老师合影，后排右四为杨明义

1991年杨明义自美返国在炎黄艺术馆拜望黄胄

1984年杨明义与李可染在师牛堂

赴京进修的。

一到中央美院，“大家学习都很认真，很刻苦，也很节俭。我的工资从单位寄到北京，全用于日常生活和学习开销。”紧张的学习生活常常让人感觉体力不支。起先杨明义也和同学们一样，两只馒头，一块萝卜干，胡乱吃了下去，就这样一直“挺”到晚上。常人都以为画画不是体力活，可吃不好，人是没有力气、精神来作画的。杨明义熬不住，就去食堂花3块多钱买了个炒菜吃，“这样吃得好，人一天都感觉有力气，特别是下午画画也有精神。”杨明义不仅自己这样吃，也劝其他同学“不要太亏待自己的肚子”，于是同学们也都学着杨明义的样，与馒头、萝卜干拜拜了。

也是在美院，杨明义获得了第一次人体画学习的机会。他白天在美院上课、画画，晚上，杨明义又去拜访在京的名家：吴冠中、黄永玉、吴作人、黄胄、华君武、何海霞……“那时候，到三里河黄永玉家里，听他谈艺术、谈文学、谈历史，听得入了神，黄老师也谈锋甚健，从没有疲倦的神情，常常一谈就谈到半夜。”使杨明义如沐春风。可深夜回校就又苦了杨明义，“北京地铁入口处的门早已关掉，我就从长安街的西头走到东头，步行3小时走回学校。待到王府井北边的校尉胡同中央美院时，学校铁门已关了，只能够翻墙了。不过那段时光也是很有乐趣，值得回味的。”

杨明义在美院除了上课、画画外，还到图书馆查阅资料，当时图书馆许多书都是国外的美术资料，不能借出来，买又买不到。杨明义又发挥了他的聪明才智—— “我就写信给家里，让家人到苏州采芝斋买了各种苏式糖果、蜜饯寄到北京，我就用这些巴结那位人见人怕的图书管理员，请求给我复印资料开绿灯。”现在，杨明义还保存着一大纸箱，都是当年从美院复印的中外珍贵艺术图片资料。经过半年多的学习，杨明义各方面的水平都有了很大提高。他在那时候创作的一些黑白木刻作品都被留在了中央美院，给下一届的同学作示范。

在中央美院进修时，袁运生、周思聪、陈丹青等都来讲过课，而这些老师早在20世纪的六七十年代就都和杨明义相识并了解的。杨明义笑着说，当时同学们私下为请黄永玉、袁运生、陈丹青等来校讲课还颇为犯难，但我说：“我和他们都熟悉，我来去请。”

一次，陈丹青来校足足讲了两个多钟头，陈丹青看了看坐在前面的杨明义，竟然问：“明义老师，你看看我讲得行不行，还需要加讲什么？你尽管说。”恐怕在中国大学里讲课，也只有陈丹青用这种称呼、提得出如此潇洒和真诚的问题了。

在美院学习期间，杨明义为寻师访友方便，还特地从苏州寄了辆自行车到北京，他也因此兜遍京城，画了不少速写，而杨明义那辆自行车，也似乎成了教室里的“公车”，只要打个招呼，杨明义就将自行车借给别人。杨明义的真诚和结缘本领，换来的是他心中永远的甜蜜：“等学业结束，全班十多个同学都到车站来给我送别。”

十多年后，他们中央美院第一届进修生又在江西傅抱石诞生地新余市开了个作品汇报展，老同学相见，分外亲切。

但时间到了1999年，杨明义想要在北京“定位”，已是英雄难提当年勇了。坐在那张苏州画室中、被杨明义于雅昌博客上称之为“长寿”的红色沙发上，回想20世纪末的往事，杨明义仿佛有隔世的感觉，“唉，时间真快啊，苏州近日楼，美国纽约近日楼，北京近日楼，仿佛都还在昨天。”杨明义不禁抚摸着“长寿沙上”，低头叹息道：“这张沙发就可作为历史的见证啊！当年沈从文、张兆和、王己千、叶浅予、唐云、吴冠中、黄永玉、瓦翁、华君武、程十发、郁风等这些年逾耄耋的名家前辈都坐过这张沙发，纵横捭阖，谈艺论文，王己千来苏州时还在这张沙发上睡过午觉。”

2000年夏天，北京。

为了能在北京有个栖身之地，杨明义开始寻找房子租住，终于在三里屯附近一个名叫核桃园的小区内找到了一所房子。一切租赁手续都办妥当，“北迁行动”正式开始了。可没想到就在那天“行动”的晚上，5楼的房门竟被风给“带”上了，而钥匙却在房间里面。从苏州长途跋涉运去画画用的大木板、凳子、笔墨纸砚等物品还等着上楼呢，怎么办？那时110还没有开发出开锁的业务，杨明义只能打114，询问哪里有替人开锁的公司。到了晚上八点半多，总算等来了个长头发的，长头发来了细看一会儿那门和锁，没动手先开口：“要100元。”杨明义他们也急着搬东西，再还价可能也没用，“100元就100元吧，没有雷锋了。”谁知，这边刚答应，那边长头发对着大门踹起一脚，门就开了。原来那门被风“带”上时，可能锁头的一根锁片歪了，如果杨明义自己用力踢一脚，那门也会开的。“一脚100元”的故事，让杨明义想起了“京城米贵，居不易”的典故。

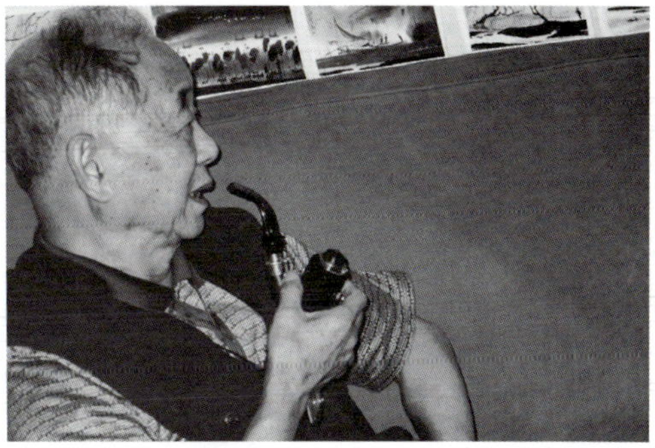

1998年黄永玉坐在杨明义苏州近日楼画室中的“长寿沙发”上谈笑风生

1994年杨明义在香港黄永玉“山之半居”画室内作客

杨明义在黄永玉八十艺术展上

2005年杨明义为黄永玉在家乡凤凰新建的“玉氏山房”创作《江南烟雨图》

1994年黄永玉全家在香港举办的“苏州渔歌——杨明义画展”上

2005年杨明义父子和凌子拜望黄永玉老师

2002年刚到北京的杨明义在核桃园内租房中作画

但，也许就是那一脚，它踹出了杨明义在京城“居”下去的勇气。想起当年在美国纽约王已千的一番话：一些不如你的人也能够在美国混，你比他们不知道要强多少倍，会在纽约站不住脚？杨明义还有什么“居不易”的呢？

“其实，对明义来说，搬家的概念最重要的是搬张画桌，只要有张画画的桌子，一间亮堂的屋子，其他生活上的细节对他来说，都不重要都无所谓，”杨明义的现任妻子凌子笑着说道。

他是个简单、好强、热情、淳朴、骨子里永远带着一份对美好的憧憬和向往的人。当年的他，本怀揣着满腔的抱负，踌躇满志从国外风尘仆仆地回到家乡，想与昔日的战友同仁们摩拳擦掌一齐挥臂做出些什么时，未曾料想，前人创作的“今非昔比”、“人走茶凉”这些词语，竟让彼时的杨明义体会到那些词汇是多么地饱含着深意。归来没有欢迎的掌声，10多年的变迁使得他对家乡的一切变化始料未及，但付出的热情和期望又岂能轻易收回，无数次奔走、写信只为得到家乡的一个拥抱和踏实的回归，只为有一片让可以使出自己在海外学习积累全身力气的舞台。

终于，几年的奔走使得他落实了工作，回到了原先的单位，可是，正如苏州朱永新副市长给杨明义的文章中写道：“对杨明义我并不陌生。1997年底我到苏州市政府工作以后，就为他回苏州国画院工作的事情伤透脑筋。一方面，我非常敬佩他的才华以及执著追求的精神；另一方面，我又不理解为什么部分老画家为什么那么不欢迎他回到画院。最后只好采取‘和稀泥’的办法：编制到国画院，人呆在他自己的‘近日楼’”。这样的结果无疑一方面使得杨明义感谢政府落实海外学成归国人员的政策，一方面又为得到的编制而惶惶然，一切还是和开始一样，只是多了一个编制和一份工资，可是，他难道想要的就是这些吗？一切像是离家多年的孩子回到家里，高举着优异成绩单欢呼雀跃奔向亲人怀抱时，分明却只是给予一个冷漠的背影。一盆热水放久了它会慢慢地凉掉，可是，艺术家创作的热情决不能因为这些尴尬的境遇而被浇灭。

在苏州，杨明义从开始的不解、无奈、到慢慢地学会释怀，将注意力重新放在创作上。也有许多艺术家和他一样遭遇着从海外学成归来到处遭受冷遇的境况。于是他洒脱地对自己解嘲一番：此地不留人，自有留人处。在美国为了艺术，他选择留在纽约，现在既然深爱着的家乡暂时没有合适的发展机遇，为何不选择中国的艺术中心北京呢？

一句，北京，我来了。洒脱的杨明义丢下所有的不快、疑惑，如同一个刚毕业求发展的大学生一样毫不犹豫地来到了北京。那一年：2000年6月28日。再过没有多少日子就是他57周岁的生日。

杨明义人是到了北京，也有了他在北京的一处安静的"创作室"，这是杨明义在北京第一次有了自己的生活空间，虽然是旧房，但他已经相当满足了。可艺术的道路如何走？杨明义思考着。每天杨明义一早起床就开始画画，不停地画。他想让人们重新认识他，希望人们能够把十多年前对他的记忆重新捡拾，杨明义知道他必须在一个新的环境中打开自己的新局面，因为有人对他一无所知，有人已经淡忘，有人故意疏远。

2007年杨明义与九十三岁高龄的美术界前辈华君武

"明义那时的生活很简单，每天除了画画还是画画。小区居委会的老大爷有段时间总在秘密观察着这个长头发高个子的神秘人物，为什么总是不出家门，也不见上班工作，到底他是做什么工作的呢？为了小区的安全，终于，老头按耐不住自己的好奇心，借着查水表的空隙，敲开了门一看，满桌子、地毯上铺着都是宣纸和画。这才恍然大悟，以后每次遇见总会友好向画家打声招呼。"

"后来，许多的媒体朋友、画家朋友、收藏家朋友都知道昔日80年代就很早就以画水乡出名的杨明义也来到北京发展了。于是都来家里做客，也采访他、宣传他的艺术，做专题报道，邀请他参加活动展览。只是，众人当初一致的口吻总是带着遗憾：你看，当初你那么有名，唉！后来去了美国，给了别人机会红起来，而自己却淡出了人们的视线，多遗憾啊！可每每听到这样的言辞，明义总是憨厚地一笑，其中得失又怎能是简单的一句话能说清楚。旁人又怎能清楚杨明义的得到呢？付出的总会有回报的。明义常对我说，对工作要认真执着，每个细节都是重要的，当你把自己所做的每颗珍珠拾掇起来串成项链，这样你才能把你所有做过的事情都没有遗憾也没有白费的。他从不轻易用得到什么来表示自己这件事做得对，也不会因为失去什么而去后悔这件事情做得错。他只是简单地凭着对艺术的执着和热爱，踏实简单地做自己认为该做的每一件事

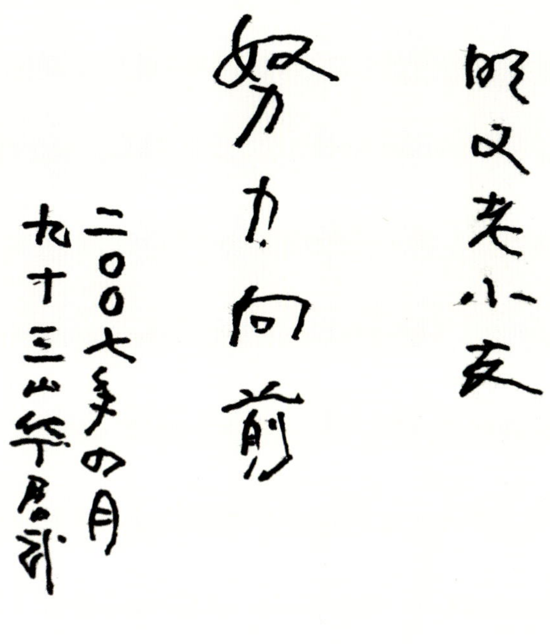

华君武在杨明义速写本上写下的题字

情。”凌子说。

2000年，美术界的老前辈华君武早已退休在家，但杨明义还是时常前去探望他。经常从苏州带当地的土特产一大早怕惊醒华老的睡眠，悄悄放在华老先生的家门前，轻声嘱咐华老的安徽保姆如何食用的要点。一次，晚年的华君武很想念曾经在苏州吃到过的一碗大肉面，于是杨明义回苏州时特地起了个大早，买了“陆长兴”面馆的生面，将面、两块大肉放在保鲜袋中，汤水则另外盛放在瓶中，当天坐火车赶回北京，带给华老告诉阿姨如何烧煮。你能想象一个生活中，在饮食上对自己极其马虎敷衍，可以只用三只包子打发一天的艺术家，是怎样真诚细心地对待他所崇敬的老艺术家了吧!

而与之回报的是老先生每次总是坐在轮椅上不舍地拉着明义的手说：“来啊，常来玩啊”，抑或是在杨明义的笔记本题上：“明义老小友：努力向前！”等幽默的话语。这一切发生在这个物质的城市的北京，而两个老小画友之间的故事是如此恬淡真实，又是那么美好感动。

“杨明义租住在北京三里屯核桃园差不多要有一年时间，虽然，那一处极普通的小区，也只是老旧的房屋，但只要有他在，就生发出许多生命的光鲜。明义时常会从路旁‘拯救’一些濒临垂危的小花小草，或是去女人街的莱太花市买上一些鲜花植物种到北京暂住的‘近日楼’中，所以，纵然居室虽简，但永远散发自然美好的气息。印象中，画家总是邋遢不修边幅的，但也许从小的生活习惯，他总是很讲究卫生，居室内也是一尘不染，窗明几净。 地毯上只要见到脏东西，哪怕一根头发，他立马弯腰拾起。他热爱生活，珍惜自己生活的环境，这样充溢着美好的画家怎么能不创作出美好的作品来。”凌子提起这些就笑意盈盈。

原本想就如此可以在核桃园安逸画画、准备积累以后展览作品的杨明义，在某位记者的登门后，想法有所调整。那是央视的一位小个子的女记者，她经常与北京各大画家打交道，看到杨明义在北京租住的画室，悄声问道身边的凌子：“杨老师是否卖画卖得不太好，不然怎么住在这样的房子里？”一句问话惊醒杨明义。原来在北京，画家的评判标准已不仅仅是简单的画家的一张画了，而要附加上画家的外包装，就是你住什么样的房子和开着什么样的汽车，再有就是你的画价。的确，现实确实很残酷。有些混迹在画圈的人，来到杨明义核桃园的画室，“骄傲”地连鞋子都不愿意脱去，而到2003年，当这位仁兄再次来到杨明义新买的位于北京市中心最佳地理位置的豪华公寓时，他赶紧脱下鞋子换上拖鞋，坐在沙发上一个劲地直说：住在这里太奢侈太奢侈。

可这一切的变化，对杨明义来说，又算得了什么。他用自己的努力、勤奋，买下后来的北京居住地。成交的由头只是当时售楼小姐说，站在阳台上，你可以远远望到天安门。而杨明义1966年12月“文革”串联到北京，在天安门广场受到毛主席的接见啊！至今那一种情怀还让他难忘。所以当初没有看其它的楼盘就选定现今的住处。其余的诸如豪华设施、装修大堂等对他来说，又怎比得上他钟爱的前辈大师的一张画的价值。

“居住在普通嘈杂的居民区核桃园时是近日楼。居住在后来搬迁的仅40平米的外企回迁楼也是近日楼，居住在北京皇城根CBD中心的豪华公寓也是近日楼。除了地点不同，对明义来说，它没有本质的区别，这些毫无谦卑或是彰显之处，唯一快乐骄傲的是自己每天在明亮的光线下，都可以在画桌上自由抒发。”

时光荏苒，转眼在北京的日子已有六、七个年头了。在北京奋斗的日子里，杨明义的一切永远系

位于北京长安街旁杨明义的近日楼画室一角

2006年杨明义在法国代表中国美术家代表团把他的作品送给巴黎朗布依埃市市长

着他的艺术。他总是说：“艺术家不是空谈，他要创作，他要有作品，只有让作品来说话才是硬道理。”

由于杨明义的作品重又获得美术界的各种奖项，而且他在国内媒体上露脸的频率也渐渐地多了起来，人们的记忆的确像杨明义所期望的那样，重又找了回来。人们知道他不仅是“海归”，不仅生活在北京，不仅只是书斋画室中的一介画匠，还知道他杨明义早年就已开创出了中国画坛上一种全新水墨水乡画风，并在二十多年前就掀起过一场影响全国的“姑苏之秋”版画展雄风，还知道他是发现水乡周庄第一人……

杨明义依旧在“忙着”他的艺术，他的水乡……

他的作品频繁地得奖、展出……

2000年杨明义获美国亚太艺术中心颁发的“二十世纪艺术贡献奖”勋章。

2002年获日本“新日本美术院”颁发的“最优秀国际艺术赏”。

2002年11月1日，朱镕基总理出访柬埔寨，杨明义所作水墨画“春长在”作为国家礼品，由朱镕基总理赠送给西哈努克亲王。

2005年杨明义为人民大会堂作画两张8尺整张水乡画作。又为国家博物馆捐献水乡作品。

2006年在法国朗布依埃市博物馆举行的“巴黎美术周”开幕式上，杨明义代表中国美术家代表团把他的水乡作品送给巴黎朗布依埃市市长。

2007年，杨明义和他的作品《姑苏瑞雪夜》被法国艺术家协会选中，邀请参加法国在卢浮宫举办的沙龙艺术画展，这是国际知名艺术家作品的一次盛会，参加的中国艺术家和作品屈指可数。

2005年杨明义和他的妻子在周庄双桥

值得一提的是2005年9月，在北京五星级的亚洲大酒店举办了杨明义的“诗画江南”——杨明义水乡水墨画展。画展从来还没有在五星级酒店举办的，杨明义是这种形式的“开路先锋”。有参观者说，如画展在中国美术馆举办，是理所当然的，但绝没有那种在五星级酒店的温馨氛围。画展期间，杨明义作品不分大小，统一定价为1.2万元/平方尺，且62幅作品全部在展览三天内售罄。全国50多家媒体报道，影响巨大。更值得关注的是，媒体上对一个画展第一次运用了“市场跟着艺术走的”来定位这位学术性的画家，可以说画展取得了圆满成功。

此外，中央新闻电影制片厂拍摄当代画家杨明义专题片，中央电视台十套《讲述》拍摄杨明义专题片《发现周庄》，凤凰卫视《天地人和》拍摄杨明义艺术片，江苏卫视拍摄《水墨江南》杨明义艺术电视专题片上下集。著名电视人刘郎拍摄发行《水乡墨梦》，《北京晚报》、《中国书画报》发表文章《杨明义，发现周庄第一人》、《发现周庄》。同年杨明义在香港举办由吴冠中题名的，“杨明义画周庄”画展。 2005，年杨明义出版由六十多位全国名家撰写的杨明义的美术评论文章《水墨之旅》也获得读者高度好评。

由六十多位著名中外画家、评论家、作家撰写介绍杨明义艺术的文章汇集《水墨之旅》一书，出版后受到艺术界的一致好评

杨明义用他对水乡的虔诚之心，无数次的写生，寻访江南水乡和水乡桥影，在三年后的2007年，终于创作完成了《江南百桥图》的画稿，国家奥林匹克组委会的朋友用下面的语言形容了他的水乡百桥图：“一座桥只是一个点，一个景点；100座桥，就构成了一张网，一张托起水乡梦境的网。当代十几年，浩浩荡荡，摧枯拉朽，无情平夷，画家的眼睛，酸楚盈眶，弱笔微言，抢救记忆。翻看画家风雨三年描绘的图景，心灵在震颤，这是一部历史文化遗产，带着不可能复原的遗憾！”

即便在北京埋头创作百桥图的日子里，杨明义也是多方位创作，他习惯用多种创作题材来调节自己的审美取向。他的创作是全方位的！

2003年杨明义去印度写生创作《印度印象》参加中国美协举办“中国画画世界 · 印度印象”展览。2005年又赴德

《江南五月》1997
年杨明义创作

《永远的江南》2007年杨明义为苏州晋京画展而作

《绿雨》1982年杨明义创作

《春之晨》四屏1981年杨明义创作

《石梦》2001年杨明义创作

《渔乡旭日》杨明义2001年创作

《姑苏春夜》杨明义2002年创作

《周庄细雨》杨明义2002年创作

《太湖旭日》杨明义2001年创作

《江南雨霁》1999年杨明义创作

《周庄人家》2000年杨明义创作

《临水小巷》2002年杨明义在参加中国美术家协会组织的水乡写生活动后创作

《姑苏人家》、《江南新夏》2007年
杨明义为中国美术出版社举办的非常
写意"当代名家条幅邀请展"创作

《水乡雨》1996年杨明义创作

《秋水人家》1999年杨明义创作

《常忆江南烟雨天》1998年杨明义创作

2007年杨明义根据由多次旅欧写生获得的素材创作了《异域风光》组画，此画为《意大利佛罗伦萨大教堂》

《意大利的阳光》杨明义创作的《异域风光》组画之一

2007年杨明义花了二个月时间为“同一个世界”—中国画家彩绘联合国大家庭所创作的《美丽的马来西亚》

2004年杨明义赴印度写生，此为归后创作的《印度印象》一画

国、奥地利、意大利、法国、俄罗斯、埃及采风，完成异国风情的创作。2006年创作《埃及的记忆》参加中国美协举办的“中国画画世界·埃及印象”展览。2007年作品《美丽的马来西亚》参加中国文联举办的“同一个世界中国画家彩绘联合国大家庭”的展览深受专家观众的好评。这些都可以看出杨明义扎实和写生功底和不倦的旅人脚印。

“和他一起出国，不是观光旅游，不是休闲度假，而是打仗”杨明义的妻子谈起每次和他的出游都会这样形容：“他常说在外面的时间多么宝贵，好多风景错过了就永远错过，因为你不可能会再特意来。无论在车上，到了景点、或是路上，甚至在餐馆吃饭，他都像个永远备战的勇士，不是举着相机捕捉美好的风景和风土人情，就是拿着速写本紧张地记录，生怕一个慢动作，被画的对象转身离开留下遗憾。车上，大家都跑得很累，纷纷靠在椅背上闭目养神，可从不见他休息，对着窗外不停地看，不停地拿着他心爱的相机拍摄。10多斤重的卡侬EOS5D相机，我拿在手里，两分钟就已经累得举不起来，可他却有滋有味地每天都举10多个小时也不觉累，只是夜里到了酒店，捏着手对我说是有点酸。劝他稍微歇息会，可第二天照旧兴致勃勃地变成了‘机器怪人’，不停地又开始新一轮的战斗。”

2007年初，杨明义坐着小飞机去拍美国的大峡谷，不顾旅途劳累、小飞机的颠簸，他幸运地捕捉到了大峡谷雨、雪、风暴、阳光等各种天气的变化在一天不同的时间发生。带回的片子令专业的摄影师都赞叹不已，刮目相看。艺术家的心是感性的、跳跃的。他永远都像一个天真的孩子般捕捉身边所有的美好。他总是说：“怎么办，我要画的画太多了，画家真应该活200岁，把所有想画的东西都能画出来就好了。”是啊，北京公寓的画室慢慢地让杨明义不再满足，因为，画桌实在太小了，心中有好多的创作都不能实现。于是为了他的创作，他又在北京郊区盖了个大画室，待完成后，他开玩笑说，就等于给我盖个监狱，让我一直得待在那里画我所有想画的画了。说这句话的时候，他总是带着很大的满足感和愉悦之情。

2007年金秋时节，苏州国画院建院以来首次晋京办展，杨明义的一幅长达5米多的巨幅水墨水乡画，又以婉约却逼人的气势展现了他的功底和作品魅力。

2007年12月杨明义作品入选法国巴黎“国际沙龙展”，在参加开幕式后杨明义和凌子游览巴黎郊区的“香波堡”

那2005年《诗画江南》——杨明义水乡水墨画展的成功，让多少人羡慕啊。但在《诗画江南》画展的两年前，“机会”也曾转悠到杨明义的头上过。

2004年前后，一位喜欢杨明义作品的画商找到杨明义，很诚恳地和杨明义说：“我们会安排好您的吃、住，只是请您在数月内要完成100张同样都是8平方尺的画给我们，我们会一次性给您报酬。”那位画商还列举了几位大名家，“现在，他们的房子都买在大海边了，早上看看日出，晚上听听涛声，多美！”

“说实话，我不是没有动过心，自已蜗

居着，日常生活开销也是很大，买的新房子正要我缴房款、物业管理费、停车费等等，我真的需要钱，太需要了。”但杨明义还是当场拒绝了那位画商。“作画是艺术创造，不是机器，不是印刷，不能重复！没有感觉是画不出来的。”杨明义说这话倒不是唱高调，的确，在一些所谓的“艺术笔会”“书画笔会”上，人们是很难见到杨明义身影的，“去‘走穴’捞钱，有意思吗？”。相反，一些公益活动，杨明义却是极为热心，积极参与，捐出过自己许多作品。

杨明义和著名电视制作人刘郎在洞庭东山

直到今天，杨明义还坚定自己当初的拒绝是正确的。杨明义认为，机会也要分一分清楚，虽然只有一次，关键在于自己的把握，要正确把握。任何的物质生活其实都以能够让自己更好地画画为第一条件。他也对自己总结出了下列的原则：

第一，不能够封闭自己，要放下架子，同时也要放下包袱。

第二，自己的东西要好，东西好是硬道理。

第三，保持气节，坚持原则，不能妥协！

第四，不怕“归零”！

这决不是杨明义的风凉话，这是他的真心表白。但就在杨明义很“热”的时候，他却又淡出了人们的视线，他又回到了江南，融入水乡，寻找他的水乡墨梦了。许多年时间里，杨明义一直在水乡、京城、纽约往返着，他手中已积有几副扑克牌一样厚的火车票、飞机票，那是与水乡来往的一张张票根，更是水乡情结的物证。相信，以后更多的时间里，他会越积越多，越积越厚！

著名电视制作人刘郎在电视艺术片《水乡墨梦》中，曾这样说过杨明义：

“杨明义不管走到哪里，他最牵记的还是他的家乡。乡情是每个人都有的，有时候与家乡长相厮守的人，反倒不觉乡情的可贵，而远离故乡与长久远离故乡的人，乡情会越来越炽热。”

“杨明义离开故乡，又回故乡，他有了近距离体察、远距离审视水乡的双重收获。”

的确，“每一次回水乡，总有新的感受，永远有新的东西。乡间的泥墙换成砖头，后来又用水泥糊了，又裂了，又修补，不厌其烦。我在雾天、雨天各种天气，各种光影下看水乡，总不嫌多。投影下，倒影下，越模糊，越清新。”

水乡——教我如何不想她？

杨明义是用着他的感情在看、在画、在读他的水乡，但他又忧心忡忡。在到过绍兴的小镇时，他看见：“鲁迅童年看社戏的水上戏台，早已被拆除得无影无踪，剩下的是水岸边两颗古树环抱着的包公庙。因已经被定为绍兴镇的文物保护区，故石柱下被涂满了鲜艳五彩的油漆，只是四周好几处被村民建起两层楼房的水泥住宅包围了。我们的时代真的改变了过去！文革中不断叫嚣的‘破旧立新’的口号居然延续到了现在变成了现实。”

2006年，杨明义在雅昌艺术网上开通自己的艺术博客，他平淡、朴实、真诚的文字得到了许多网友的赞赏和青睐。如今已拥有大批固定的粉丝网友，一位艺术杂志的记者看后这样写道：

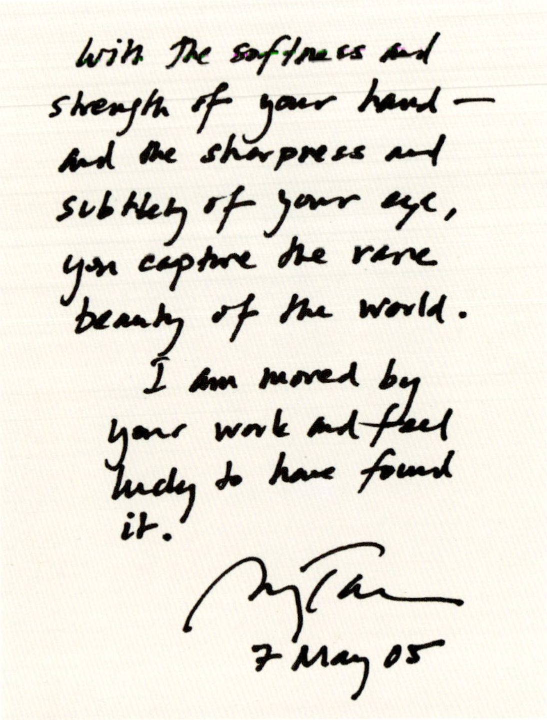
With the softness and
strength of your hand—
and the sharpness and
subtlety of your eye,
you capture the rare
beauty of the world.
I am moved by
your work and feel
lucky to have found
it.
7 May 05

2005年著名美籍作家谭恩美在欣赏杨明义作品后所写下的感言

2005年著名美籍作家谭恩美夫妇访问杨明义北京画室

或许他不会想到一个20多岁的女孩在看了他的博客后，竟会产生出一种相见恨晚的冲动，竟会感觉到他的文字触碰到了她心灵的最深处。明义师的文字并不华丽，只是文章中处处见得真情实感，这样真挚的情感触碰心弦，久久不能让人平静。

明义师博客文章中的磨刀老头，在我们的生活中虽然你我都曾见过，但有谁细致观察过他们呢，有谁能在老人为我们磨刀之后还能留有些许感慨呢？我们的感情在当今快节奏的生活中变得有些麻木，我们所思所想的是如何让生活变得更好，但与此同时我们忘了生活中最美好的“情感”。 在明义师的眼中，老人有着青筋暴裂、粗糙的双手、纯朴黝黑的脸以及一条条皱纹留在他脸上的沧桑岁月印刻的痕迹。在老人为他磨刀后，明义师不仅留下老人称之为享受的“啤酒、花生、猪头肉”，更留下了对一位普通老人的真挚感情。

还有博客中关于一双皮鞋的故事，讲的是明义师在旅美留学之初与上海房东一家之间的过往。明义师在房东家租住3个月后，因为求学的原因不得不搬家，在即将搬家前，房东给了他一双珍藏的皮鞋，希望明义师能在纽约的第一次画展上能穿上他送的皮鞋。明义师果然在纽约他的个展上穿上了这双皮鞋。我想平凡之中见大仁，细微之处见大义。房东家温暖的屋和一家人在困难之时伸出的援手，是大仁；明义师著文谈恩情，尤其是穿着有点挤脚的皮鞋参加画展开幕式，是大义。是啊！在我们的生活中很多人总会感叹自己怎么总碰不见好人，或许在遇见好人之前一定要具备某些因素，比如学会自己首先怎么做个好人、学会注重承诺、并且长有一颗感恩的心。

你如果好奇地问杨明义，你下来的人生计划和理想是什么？他会朴实回答你，我只想把我想画的画画完它。

美籍华裔女作家谭恩美读过杨明义的作品后，写下了一段很感人的文字：“伴随你既柔和又硬朗的笔端，透过你敏感、锐利的眼神，你捕获了这世间独特、稀有而又美妙的景致。我被你的作品深深地感动了，我是感到如此地幸运，因为我遇见了它。”

不是吗？

“江南百桥”组画——运河旭日

“江南百桥”组画——月下外婆桥

“江南百桥”组画——瑞雪

“江南百桥”组画——姑苏雪夜

“江南百桥”组画——沙溪庵桥

“江南百桥”组画——雨中古桥

风来四面且卧当中

那片黄金中有如许的孤独。
众多的夜晚，
那月亮不是先人亚当
望见的月亮。
在漫长的岁月里，
守夜的人们已用古老的悲哀
将她填满。
看她，
她是你的明镜。
——博尔赫斯

在所有的艺术运动、艺术流派中，人们总希望能找到某些坚守信念的人，希望通过他们的思想和行动来印证这种艺术运动和主张的合理性或是吸引力。尽管在自由度极大的艺术领域难以存在划一的标准和所谓“正确”性，但是假如某些运动生命力太短，那也就在某种程度上说明了这一运动或主张是没有太值得关注的意义，这一流派只能说是在历史的长河里连一滴水都算不上的。

杨明义坚守着他的信念，那不停歇地创作江南水乡水墨画的信念。他也总为着艺术和与艺术有关的事而那么勤奋、忙碌，水乡田野间有他的身影，陈逸飞的一周年祭纪念活动有他的身影，苏州常熟高校艺术专题讲课有他的身影，法国文化部的文化活动有他的身影，《江南百桥》生活素材地有他的身影，台湾艺术文化活动有他的身影……

杨明义是动态的。

从陈丹青给杨明义写下“四海为家——近日楼”的题跋中就可“反观”杨明义是“动”的。他写道：

“楼主杨明义先生吾师也，七五年春初访明义师苏州马医科十五号旧居，九零年访纽约法拉盛近日楼，九八年访苏州近日楼，零三年访京城近日楼，零五年丹青得识明义师整三十年矣。”

2005年8月，杨明义的《诗画江南——杨明义画集》由荣宝斋出版社出版了，这是继2005年1月安徽教育出版社出版杨明义的艺文评论集《水墨之旅》后的又一部大书，其间的作品，寄意于全新的江南水乡水墨创作，在形式上愈加简约、磅礴大气，意境上愈加的凛然超脱。而先期出版的《水墨之旅》则是杨明义集结了前辈、老师、同道、朋友为他在不同时期写的文字，杨明义称其为：“历史性的照片、文稿和我各个时期的作品，构成了我充实且完整的艺术人生。”

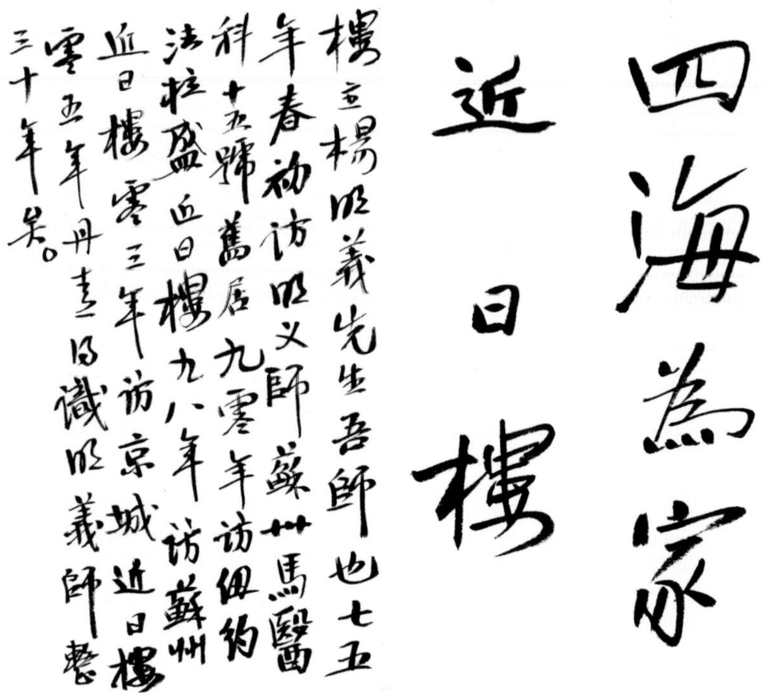

2005年陈丹青在杨明义近日楼画室留下的感言

其实，杨明义不仅是一位公认的画家，他的文字功底也是很不错的。杨明义曾写有一篇短文，记作黄永玉为他所写《那森林里的金鹿》的附录。其中有这样的句子：

……今天再一次翻读黄老师的这封信，在他信的最后，写道：“你看，我怎么突然一下就六十岁了，真他妈的连自己都不信，却一点办法也没有。”近二十年前的事，似乎刚刚发生在昨天一样，岁月流逝得真快，这么突然，他妈的，我也六十了……

多么率性、洒脱的文字。

从他所出版的《近日楼散记》、《旅美十年——杨明义速写集》、《水墨之旅》等等文稿、附录中，还有他“与时俱进”在“雅昌”艺术网上开出的博客里，人们读到的是他被画名掩盖 “文名”的那一种清新、自然、朴实、感人的文字。仅读杨明义的一册《近日楼散记》，就仿佛看了一部现当代艺术史，因为其间杨明义所写到的与他交游的四五十位人物，都可谓是现当代文学艺术史上举足轻重的人物，而且“出手极快”。一位苏州文化名宿说到杨明义时，不禁赞叹：“苏州国画院里还算他了，文章蛮会写的，昨天陈逸飞死，今天《苏州日报》上就有他的纪念文章，厉害！”就在丁亥年新春之际，赴美国旅游的杨明义竟在三四个小时行程的飞机上，写下了多篇创作手记，且文字清丽、耐看。

杨明义的记忆力也是惊人的好，许多年前前辈对他的点滴教诲，还有许多年前生活中的诸多细节，都难逃他的眼睛，印在了他的脑海中。工艺美专同窗好友褚铭说过：“杨明义在读书时，就显现出了“心计”，他心细、对事物都有他的独特意识和行为。”但褚铭又笑着说那时还在美国留学的杨明义：“有时却会因一个字记不起到底怎么写，就从大洋彼岸打个电话来问我，我问他还有什么事，他说就是问个字。”

杨明义到是颇有魏晋气息，“越洋问字”几可成“雪夜访戴”的现代版了。

2002年4月，杨明义在江苏省美术馆举行了他的《水墨水乡》画册首发式，同时还展出了50多幅作品。在画展过后，江苏省美术馆馆长宋玉麟主持召开了杨明义艺术交流研讨会。

这是杨明义最想进行的“听证会”。“一场研讨会，我可以在一个地方，听到许多真知灼见，我想得到批评，也想得到帮助，更想得到提高。”

2005年9月，在荣宝拍卖行以及朋友们的鼓励支持下，杨明义在北京举行了“诗画江南”画展，同时，荣宝斋杂志主编唐辉还亲自主持召开了杨明义绘画艺术研讨会。美术评论家、大学教授、画院院长、美协主席、画家等到会者各抒己见，让杨明义如沐春风。

2005年秋“诗画江南”——杨明义画展的开幕式

2005年中国美协领导华君武刘大为在“诗画江南”——杨明义画展开幕式上

在“诗画江南”—杨明义画展上举办的“杨明义绘画艺术研讨会”

“非常感谢荣宝斋拍卖行给我举办了这次画展，对我来讲，这应该是一次总结。我从小就在苏州长大，学传统，学国画，对家乡的深厚感情让我觉得一定要画出自己的风格来。吴冠中、黄永玉、袁运甫等大师到苏州来后给我启发很大。黄老师对我说：“杨明义啊，你一定要每一笔都是你自己的，每一笔都要姓你的杨，不要让人看出是别人的痕迹。”我一直都记得。美术界几个老前辈，李可染、吴作人、叶浅予、黄胄、华君武都对我相当好，对我的教诲，我一辈子都不会忘记。后来在美国，我又碰到王己千、王方宇，他们有着非常厚重的中国传统。我在美国的时候，接触的传统很多，就更坚定自己一定要画出自己的风格。”

有一句老话是这样说的，画要“可以观，可以游，可以居”。对于杨明义的画，我要再加一句，就是“可以诗”。杨明义之所以能取得成功，因为他就像一块海绵，到处吸收营养，这种海绵精神也是他成功的一个很重要的方面。

这是美术评论家包立民说的：

杨明义是我的老师，我算是非常熟悉明义老师的画，但是这次，我还是看到了许多没见过的画，包括许多画册。我发现，明义老师画的那些水塘，就像今天的天气一样，非常的湿润非常的温暖，这真的很不容易。我相信随着时间的推移，这样的画会更加珍贵。

这是清华大学教授陈丹青说的：

杨明义的画在境界上发挥得很深，有自己的语言。语言特点是淳朴、简练。这次荣宝斋组织这个展览，推出杨明义，是我们经过很多的研究、思考、商量之后，才定的。我们举行这个研讨会，就想达到专家点头、群众鼓掌的效果。

这是荣宝斋副总，画家王铁全说的：

杨明义的画好就好在是土生土长的，真正中国的。他虽然在美国呆了10多年，但一直坚持民族的特色。我觉得凡是有成就的，最后都不会忘掉民族土壤的东西。根植于民族土壤的东西，根植得越深，他在世界上越有民族的地位。要让市场跟着艺术走。

这是画家史国良说的：

虽然江南水乡非常美丽，但是画起来却很不容易，杨明义能用一种淡淡的水墨，画出思乡的感情和淡淡的哀愁，很富有诗意。他在艺术上最突出的一点是有独创性。他的写意画很有意境，不是简单地把江南的风景变成照片。

这是美术评论家孙克说的……

人们在评说杨明义的画，评说他的画对画坛的影响。

1967年7月8日夜半苏州武斗的枪声惊醒了杨明义，他却被满屋灵动的月光打动了，爬起床来即兴画了这张“月光”图

评论一个人的作品有时很难，有时却仅需一两句话，但一种风格的萌生、锤炼、提高、发展、形成，其间包含着多少画家背后的努力、艰辛，还有大自然所赐予的契机等等，这一切，常人是难以体察明晰的。

还在文化大革命时期，苏州这座以温文尔雅著称的城市，竟也响起了枪炮声。“武斗”开始，无事可干的杨明义只得窝居在自己家的小楼上。“1967年7月的一天深夜，我又一次被枪声惊醒，睁眼一看，却被满屋明亮的月光打动了，顿时激动起来，爬起来摸黑找出了画具和纸张，用水墨画下了一幅《月光》。”第二天，睡在一板之隔的父亲问杨明义：“昨天半夜你在做什么，怎么老是有叮当的响声发出？”“我在画画。”“画画怎么不开灯？”

开灯？不就会赶走这满屋明亮的月光？杨明义心想。“月光使我暂时忘记了周围的一切，让我沉醉于深夜特定的艺术境界之中。”现在的杨明义再回忆这幅创作于乱世的作品，还是极为得意的。“那张画现在看看，随便几笔就画这么好，如果叫我再画一张，也画不出这么好的感觉。这个光的感觉好得不得了，也正是这种感觉在一直影响着我的艺术风格。”

文化革命中杨明义躲在马医科的小楼上偷偷阅读中外书籍

的确，《月光》不管在当时，还是时间过去很久的现在，懂得欣赏的人还会赞叹。陈丹青也曾问过杨明义：“啊呀，这张画你是怎么画出来的？”

生活的历炼、感悟，让杨明义受益匪浅，也为他的艺术风格形成奠定了坚实的基础。在被下放到“五七干校”劳动改造时，一个清晨，起身很早的杨明义提着扁担、箩筐，准备出工干活，可当他推开门，见着天地间竟一片混沌，原来这是被苏州人称为“迷路”的大雾天，但杨明义还是出早

1974年杨明义在五七干校某个休息日清晨所作的水墨写生《雾中水田》

工，融进那白茫茫中，走向了田头……

渐渐地，屋子的一抹角显露了出来，渐渐地，一片船影在河面上凸现出来，渐渐地，树影婆娑起来了……见着这一切，杨明义突然有了感悟，这是什么，这不是他日夜思考着怎么画的水乡吗？收工回来后，杨明义就凭着刚才的记忆，用笔在纸上反复实践着，这与版画的画法有点相似，“一片、一块，氤氲的却很鲜明。”说是这么说，但真是到用毛笔蘸着墨，毫颖一触到宣纸的时候，那种化开来的速度，却是极难掌控的。“我想起吴敦木老师那时候在美校教过我的，‘笔触’、‘入纸’、‘提按’，现在全派上用场了。”杨明义兴奋着，“这是上天所赐予我的启发啊！是生活在教授我怎么画水乡！”

从《月光》到以后的那一幅幅有着江南水乡气韵的作品，就是杨明义在 “外师造化、中得心源”，再加上他的勤奋、功力、“中西结合”才“妙手偶得”的。

但当杨明义大笔一挥，简约却气势勃勃画出江南水乡时，一些声音却说：“杨明义的画不是中国画。”其实，杨明义所花的功夫、还有他的艺术功力，远远超过一些人细小笔头的绘画。杨明义是继承，是传统，是从东方和西方的传统中来，厚积而薄发。

所有这些，是对杨明义风格的肯定，也是对他创造这一艺术风格的敬佩。因为正如陈丹青所说：

“他一生的主题都没有离开过水乡，……我觉得我们中国的画家真的有一个问题：就是很少有一个画家把自己的故乡变成一种语言、变成一种风格，持续的终生走下去。”“明义老师，一个苏州人，在水乡长大，他能够在水墨的笔系当中，把这条路一直走到现在，这样的人其实挺少的。不要以为那么多江南水乡的画，真正这条路一直走下来的很少。” 这绝不是溢美之词。

更有在人格上对杨明义有着极高评价的声音，袁运甫在江苏卫视和中央新闻电影纪录片厂采访时是这样说的：“杨明义是为艺术而艺术，明义这辈子我看他这样过来，他就是心里只有艺术，其他东西他都不在乎，想得很少，做人做得地道，他没有任何私心在里面，纯粹在艺术里面，再苦他也不怕，不管境遇怎么变，他的艺术宗旨不变，他一直画到今天，而且越画越熟练，越画越清明，越画越简练，很高度地概括和集中。”

一个人的命是由许多人的命组合而成的，就像是一个股份公司，自己只不过是掌握着一些股分而已。一个人能够取得成绩，是与许许多多人的帮助、理解、支持分不开的，包括父母、老师、亲戚、朋友，还有生养他的那一方水土。

一方水土养一方人。那方水土不断地启发着、激荡着杨明义的艺术创作灵感。

虽然，杨明义所处的这个时代给他的人生、心灵留下了种种，但不管是什么，杨明义都接受，他都感恩！因为这些都丰富了他的艺术生命，杨明义的艺术人生是丰满的！

“一事能狂便少年”，这是王静庵诗作《晓步》中的著名诗句。杨明义就是在用他的全身心创造了一种江南水乡水墨画风格，也是全身心地只为这一件事永不停懈。他是当得起“少年”这一称谓的。但他谦和地说：“一个人在一生中能将自己的事尽力做好就不错了，我是江南水乡哺育长大的，我只是用我的心回报而已。”

如果说美有两种：愉悦人的和震撼人的，那么杨明义的水墨江南水乡作品，则是在震撼人的基础上，又给人带来了平和的宁静、深久的感动和身心的愉悦。艺术史往往对两类人物特别感兴趣：一类是开宗立派的，一类是承前启后的。明人王世贞在《艺苑卮言》中总结山水画的发展历程说：“山水，大小李（唐代李思训、李昭道父子）一变也，荆关董巨（荆浩、关仝、董源、巨然）又一变也，李范（李成、范宽）又一变也，刘李马夏（刘松年、李唐、马远、夏圭）又一变也，大痴黄鹤（元代黄公望、王蒙）又一变也。”

杨明义还在继续着他的水墨之旅，相信随着时间的推移，有一天，写画史的人会轻触键码打下这样一句：“……至杨明义，又一变也。”

后　记

小时候，听母亲说：“男属羊，出门不带粮”。后来认识几个属羊的人恰好是在饭局上，“做东”的真的不是他们，交往久了就成了朋友。他们当中有记者、广告公司经理、公务员，但都白面书生一般。我又想起母亲还说过一句，要是“乌羊”还要好。母亲说的好，并不是指属羊、皮肤黑的男人有更多“吃白食”的机会，而是指“乌羊”更有建树的意思。

2006年的初春，我碰到了位属羊，且是“乌羊”的人。我之前不知道他属羊，只知道他是画家，看过他的画，不管是画廊里的原作，还是画册上的印刷品，给我的感觉都很淡远，很透明，很有江南的氤氲之气。妻子菊菊也说，那画里的景象看了很觉亲切，只是现实中似乎看不到了。

还在2005年，苏州书城销售有关他的一册艺文评论集《水墨之旅》时，要我写一篇书评。看完那本艺文评论集后，我突然对那人肃然起敬起来了：这位画家不简单。他的经历、见解、道路不一般，他的为人不虚伪！他竟能结识那么多的大家，还有那么多的大家愿意抽出时间，在不同时期写出他们对他的艺术、人品的评价文字。回头再看他的画，好像那画里面也还有其他什么东西在似的了。

书评见报了，但电话也来了，书城称：那本书很俏销，不能留给我。趁画家在苏州家中时，我径直打电话过去……电话那头传来沉稳的声音，很大气地说：“谢谢你，我在北京时，从网上已看见了那篇文章，写得蛮好。你来我这里，我送你一本吧。”

当那人迎我进门时，我和他的距离很近，黝黑的脸庞，浓黑的长发整齐的垂在他的肩头，他的眼睛里有着笑意。他一点也没有旅美十多年的“海归派头”，没有“有国际行情”大画家的架子。感觉和他的声音一样沉稳、平和。换拖鞋的时候，看见墙面上是一幅很大、有点像我以前在书上看见过的伟大领袖毛主席与少年儿童在一起的照片：他被密密麻麻的孩子们簇拥着！那是画家旅美10多年后返回他母校马医科小学时，与小同学们的合影。而客堂间的一张桌子的玻璃台板下，压着的是装裱精致的、黄永玉写的“近日楼”三字的原件。

走进画室，与画家聊了起来。没想到，闲聊间他竟委我重任，说有一机构欲出版一册介绍他艺术人生的书，能否请我来写。他说他真心想请一位苏州人来写写他这个苏州人。我不知深浅，客气地推脱一番后，就应承了下来。

经动笔前的多方采访，特别是我采访他的母亲后，觉得写他这样一位艺术家是很不容易的，也更加觉得下笔的难了，但也愈加坚定了我要写好他人生故事的信心。因为在苏州的艺术家中，谁有他那样的游历？读书万卷可能没有，行路万里肯定不止，从东方到西方，从水乡田野到纽约摩天大楼；又有谁有像他那样的眼光？从宋元明清名家作品到毕加索、马蒂斯，从欧洲木版画到非洲雕刻；更有谁像他那样如发细心？雪泥鸿爪般的片纸、只字，哪怕是名家木刻试刀的印痕，他都精心保留至今；还有谁有像他那样为回报母校教育之恩，慷慨捐资助教设立奖学金基金会？让莘莘学子得到美的教化和爱的感动；又有谁有像他那样曲折的人生道路？学习、工作、人生道路都不平坦，但他走得还是那么从容、执着；又有谁有他的“结缘”本领而不势利？对待沈从文、王己千、陈逸飞、陈丹青到自己教过的30多年前的学生们，统统都是一样的真诚，不虚伪！

没有！在苏州没有第二个人。

只有他——杨明义。

他对艺术坚忍不拔，他对江南水乡一往情深！他总有那么年轻饱满的创作激情。与他联络时，感觉他总是在“动”，在奔波。一会在家乡，一会在京华，一会在国外……他总在彼处忙碌着他的那些与画画、讲学有关的事。清晨收到的第一条短信也准是他的，他告诉我说，一直是很早就起床就画画的，这也印证了他母亲说的“从小就不睡懒觉”。采访得知画家过往的许多事，而那些事又与许多人、许多“运动”缠在一道，给他人生道路上垒叠出的坎坷是那么压抑，那么艰难，但画家很超脱，豁达地对我说：“往事如烟，还是实实在在地写写我走过的道路，我的艺术人生，也许这才是人们所关注的……”

我想，苏州虽然是一个被世人一致认为很有文化底蕴，人文荟萃的地方，但在现今这个开放的时代，能真正走出书斋的画家有多少？用前辈书画家吴敎木的话来说：“苏州像像腔腔画画的人还没有，杨明义是像像样样画画的人。”苏州已故著名书法家费新我也早就用心良苦地向杨明义点出了苏州艺术圈的陋习，并警示他道：“苏州许多画家埋在工艺美术中太久，画风世俗的不乏其人，当那俗气一成风格就改也难了，你要吸取教训啊！”

一个人能够用其神思的全部来追求一件事物，且始终抱有青春的心态，足让人感动、激赏。杨明义是用他近半个世纪的时光，并继续青春昂扬着只为一件事努力奋斗着，那就是用他的心画他的江南水墨水乡。而他的江南水墨水乡又开一代风气，自成面目，引领无数画人皆以此写来，则更为不易！

稿子初成，蒙杨明义先生不厌其烦地多次纠误，凌子作了精当的补充，还承情著名影视编导刘郎先生拨冗赐序，苏州地方志办公室徐刚毅先生、林植霖先生提供珍贵老照片，在此一并致谢！

金凯帆　丁亥菊月于 云斋

参考书日

《苏州市志》江苏人民出版社

《苏州文联50年》苏州市文学艺术界联合会编

《新艺术家》河北教育出版社

《苏州词典》苏州大学出版社

《苏州名人故居》西安地图出版社

《老苏州》江苏人民出版社

《老苏州百年历程》江苏古籍出版社

《苏州旧街巷图录》广陵书社

《人民画报》人民画报社

《巨作艺术家访谈录》山东美术出版社

《苏南工专八十周年纪念集》

《凤凰周刊》香港凤凰卫视有限公司

《近日楼散记》江苏美术出版社

《水墨之旅》安徽教育出版社

《书画收藏》吉林摄影出版社

《艺术市场》中华人民共和国文化部主管、中国文化报社主办

《诗画江南杨明义画集》荣宝斋出版社

《旅美十年杨明义速写集》古吴轩出版社

《中国画谭》中国文化艺术研究交流中心

《国画研究》中国画研究杂志社有限公司

《水墨江南》江苏卫视“江南”摄制组

《水乡墨梦》电视片 刘郎撰稿

《不倦的旅人》电视片 邹小青撰稿

《美术向导》中国美术出版总社

人物介绍（以书中先后出现顺序排列）

黄永玉	中央美术学院教授、中国美术家协会副主席
叶浅予	原中央美术学院中国画系主任、教授；中国画研究院副院长；中国美术家协会历届副主席，中国文联委员，全国政协委员
沈从文	作家、历史学家、考古学家。原中国历史博物馆文物研究员；中国社会科学院研究所研究员
张兆和	沈从文夫人 原《人民文学》编辑、作家
华君武	漫画家、美术活动家。原《人民日报》文学艺术部主任；中国美术家协会副主席；中国文联委员、书记处书记
吴冠中	画家，中央工艺美术学院教授
程十发	画家、原上海中国画院院长
唐　云	原上海博物馆鉴定委员，上海中国画院副院长，中国美术家协会上海分会副主席，西泠印社理事，上海中国画院名誉院长
周思聪	画家，原中国美术家协会副主席
卢　沉	画家，原中央美术学院教授、中国画系主任
陈逸飞	旅美画家
陈丹青	旅美画家
马　得	画家
韩　羽	画家、书法家、作家，中国美协第五届理事、河北分会副主席、名誉主席
刘振夏	画家，全国政协委员，苏州市政协副主席
褚　铭	作家、画家、苏州文艺创作中心主任　苏州戏剧家协会主席
贺　野	画家，原苏州工艺美专副校长
张辛稼	画家、原苏州国画院院长
吴敦木	画家、书法家、原苏州国画院院长
许十明	画家，原苏州国画院画师

古　元	画家、版画家，原中央美术学院教授、院长，中国美术家协会副主席，中国版画家协会副主席
李　桦	画家、原中国版画家协会主席
吴俊发	画家、原中国版画家协会副主席、原江苏省美术馆馆长
傅抱石	画家、原江苏省国画院院长
傅小石	画家、傅抱石之子
傅益瑶	画家、傅抱石之女
关山月	画家、原中国美术家协会副主席、美协广东分会主席、广东画院院长
黄苗子	漫画家、美术史家、美术评论家、书法家、作家。原人民美术出版社编辑，中国书协常务理事，中国美协理事
亚　明	画家、原江苏省文联顾问、江苏省美术家协会副主席
黄　胄	画家、原炎黄艺术馆馆长
袁运甫	画家、清华大学美术学院教授、博士生导师
祝大年	画家、原中央工艺美术学院陶瓷系主任、教授
林风眠	画家、原浙江美术学院院长，上海中国画院画师
吴作人	画家、原中国美术家协会主席
王　琦	版画家、原中国美术家协会副主席
彦　涵	版画家、原中国美术家协会副主席
李可染	画家、原中央美院教授、中国美协副主席、中国画研究院院长
徐　冰	旅美画家
李平凡	画家、版画家
费新我	书法家、画家，原江苏省国画院一级画师
陆文夫	作家、原中国作家协会副主席
瓦　翁	书法家、篆刻家
郁　风	画家、原中国美术家协会书记
许南湖	画家、黄宾虹学生
程　助	画家、程十发之子

赵无极	旅法画家
李鹿野	原中国驻纽约联合国特权大使
邵柏林	原邮电部邮票发行局设计室主任
刘天瑞	原中国邮电部邮政总局局长
王英民	原中国驻美大使馆文化参赞
莫瑞松	原美国邮政总局副局长
西塞隆	原万国邮政联盟国际局副总局长
布　什	美国前总统
邓泰和	旅美作家、画家
王己千	旅美艺术品收藏家、鉴赏家、书画家
王方宇	旅美语言教育家、书法家、书画收藏鉴赏家
贝聿铭	世界建筑大师
梅　恩	画家、美国纽约青年艺术同盟插图专业教授
克劳斯 雷萨尔（Claude Lesuer）	美国著名艺术评论家
车前子	诗人、作家
秦孝仪	原中国台湾故宫博物院院长
陆俨少	画家、书法家
张曼娟	中国台湾作家
何怀硕	中国台湾画家、美术评论家
刘　郎	著名电视制作人、编导，国家级专家
谭恩美	华裔美国作家
宋玉麟	画家、江苏省画院院长
刘大为	画家、中国美协常务副主席
包立民	美术评论家
史国良	当代画僧，中央美术学院和首都师范大学美术系客座教授
孙　克	美术评论家

金凯帆

1968年9月生，苏州人。

原报社记者，现从事苏州地方历史文化修撰工作。